KB077030

일 빨리 끝내는 사람의
42가지 비법

SHIGOTO GA HAYAKU OWARU HITO, ITSUMADEMO OWARANAI HITO NO SHUKAN
© Yukihiro Yoshida 2019
Originally published in Japan in 2019 by ASA PUBLISHING CO., LTD., TOKYO,
Korean translation rights arranged with ASA PUBLISHING CO., LTD., TOKYO,
through TOHAN CORPORATION, TOKYO, and EntersKorea Co., Ltd., SEOUL.

일을 잘한다는 건 빨리 끝내는 것이다

42 WAYS TO WORK MUCH FASTER

일 빨리 끝내는 사람의 42가지 비법

요시다 유키히로 지음 | 김진연 옮김

센시오

자가진단
테스트

나는 일을 빨리 하는 사람일까, 못하는 사람일까?

☐ 외근을 나갈 때는 작은 가방보다 큰 가방을 주로 들고 다닌다.

☐ 출근하면 커피를 마시기 전에 메일을 먼저 확인한다.

☐ 목표를 달성하기 전에는 절대 다른 사람에게 알리지 않는다.

☐ 메모는 단 한 권에 하기보다는 용도별로 분류해 정리하는 편이다.

☐ 정보가 필요할 때는 동료에게 묻기 전에 인터넷 검색을 먼저한다.

☐ 누군가에게 부탁을 받으면 무엇이든 바로 처리해주려고 한다.

☐ 업무계획을 완벽히 세울 때까지는 실행에 옮기지 않는다.

☐ 회사 사람들에게는 나의 실패담보다 성공담을 주로 얘기한다.

☐ 쓸데없다고 생각하면서도 하는 일이 다섯 가지 이상 있다.

☐ 내 다이어리는 일정과 할일 리스트로 항상 빼곡하게 채워져있다.

- [ ] 회의 시간에는 무조건 상사보다 먼저 도착해 있어야 한다.
- [ ] 보고서를 작성할 때는 구성보다 레이아웃을 먼저 잡는다.
- [ ] 스트레스는 그때그때 풀기보다는 한번에 해소하는 편이다.
- [ ] 마감이 다가오면 그때부터 전력 질주를 시작한다.
- [ ] 점심시간은 혼자 보내기보다는 되도록 팀원들과 함께하려고 한다.
- [ ] 집중이 필요한 일은 책상에 제대로 앉아서 해야 한다.
- [ ] 나는 누구에게도 미움 받고 싶지 않다.
- [ ] 솔직히 바쁜 내 모습에 취해 본 적이 있다.
- [ ] 회사에서의 잡담은 시간낭비일 뿐이다.
- [ ] 후배에게 도움을 받는 건 창피한 일이다.
- [ ] 일은 항상 긴장감 속에서 해야 한다.
- [ ] 자료는 항상 100점 만점을 목표로 완벽하게 작성한다.
- [ ] 마감기한을 무리하게 잡을 때가 종종 있다.
- [ ] 피로가 쌓여 녹초가 되면 그때 휴식을 취한다.
- [ ] 만일에 대비해 자료는 최대한 세부적으로 만들어둔다.

Check!

○ 열다섯 개 이상 체크한 사람

비상사태다!

당신은 지금 스스로 업무시간을 계속 늘려가는 악순환에 빠져 있다. 매일 열심히 일하는데도 성취감은 없고, 심적으로도 나날이 지쳐만 가고 있다. 일 빨리 끝내는 사람과는 거리가 점점 멀어지고 있는 당신에게 지금 당장 이 책을 읽어 보길 권한다.

○ 열 개 이상 체크한 사람

주의상태다!

당신은 일을 빨리 끝낼 때도 있지만 이상하게 일이 하염없이 끝나지 않을 때도 있다. 이 책은 현재 당신의 업무시간 구멍을 찾게 해줄 것이다. 구멍만 찾아 막으면 당신도 일 빨리 끝내는 사람이 될수 있다. 차례를 훑어보고 당신에게 해당되는 내용을 먼저 읽어보길 바란다.

○ 다섯 개 이상 체크한 사람

아직은 괜찮지만 앞으로 업무시간이 늘어날 가능성이 크다.

얼마 전까지만 해도 괜찮았는데 요즘 따라 이상하게 업무는 자꾸 늘어지고, 성과도 지지부진하다. 지금이야말로 바로 잡을 타이밍이다. 특히 사고법과 감정조절에 대한 내용을 먼저 읽고 배워두기를 권한다.

○ 네 개 이하로 체크한 사람

아직은 이 책을 읽지 않아도 괜찮다.
단, 이 책을 읽어두면 부하직원이나 후배들에게 업무방식에 대해 조언해줄 수 있으니 특히 상사 위치에 있는 사람이라면 꼭 한번 읽어 보기를 바란다.

이 책에는 일 빨리 끝내는 사람의 42가지 비법이 소개되어 있다. 처음부터 42가지를 다 실천하려 하기보다는 지금 당신에게 가장 부족한 부분부터 실천에 옮겨보기를 바란다.

일 빨리 끝내는 사람이
연봉도 삶의 질도 수직상승한다

지금 이 책을 펼친 독자 중에는 매일매일 끝도 없는 일과 부족한 시간에 허덕이는 사람이 있을 것이다. 지금은 이렇게 업무기술에 대해 책을 쓰고 전국을 돌며 강연을 하고 있지만, 회사원 시절의 나 역시 매일 아침부터 밤늦게까지, 때로는 휴일에도 일하며 도무지 끝날 것 같지 않은 일에 파묻혀 질질 끌려다니듯 생활했다. 낮에는 고객을 만나고, 퇴근시간이 지나서야 못 다한 사무 업무들을 처리하고, 상사에게 조금이나마 더 인정받고 싶어 새벽까지 기획서를 작성했다. 그런데 아무리 일을 해도 일이 줄기는커녕 잔업만 늘어갔다. 수면부족으로 매일 아침 흐느적흐느적한 상태로 비타민음료를 들이켜가며 꾸역꾸역 일을 처리해나갔다. 그런데 그렇게 노력했음에도 돌아온 것은 잇따른 연봉하락과 좌천인사였다.

그러던 어느 날 '잔업은 자기와 상관없는 일'이라는 듯한 분위기를 풍기는 동료의 모습이 눈에 들어왔다. 처음에는 '누구는 매일 야근인데 어지간히도 일이 없나 보네' 하며 반감이 생겼지만 자세히 지켜보니 그는 일이 적은 것도, 땡땡이를 치는 것도 아니었다. 오히려 다른 팀원보다 훨씬 더 많은 일을 처리하고, 새로운 것을 배우거나 운동을 하는 등 자기계발 노력까지 기울이고 있었다. 그의 모습을 통해 '일하는 시간이 길다=일이 진행된다'가 아니라는 사실, 나아가 일의 능률을 올리기 위해서는 일하는 시간을 최대한 줄여야 한다는 사실을 발견한 나는 그때부터 주변의 일 잘하는 사람들을 더욱 유심히 관찰하기 시작했다. 그 결과 일잘하는 사람들의 가장 확실하고 분명한 특징은 일을 빨리 끝낸다는 것이었다.

그때부터 나는 어떻게 하면 일을 빨리 끝낼 수 있는지 그들에게 직접 업무 노하우를 물어가며 하나씩 고쳐나가기 시작했다. 일 빨리 끝내는 사람의 업무습관으로 루틴을 바꾸자 금세 업무효율이 올라 놀랍게도 3개월 만에 잔업률은 제로가 되었고, 매출 20퍼센트 상승이라는 눈에 띄는 업무 성과로 승진까지 할 수 있었다. 이후 3년 연속 최우수사원으로 선정되며 회사에서 쫓겨날 위기에서 한순간에 상황은 역전되었다.

이후 나는 사소한 업무습관이 만들어낸 이 놀라운 변화를 더 많은 사람들과 공유하고 싶어 전국 관공서, 기업, 경영자, 직장인 등을 대상으로 강연과 컨설팅을 하기 시작했고 지금까지 3만 명 이상의 사람을 만나 그들에게 일 빨리 끝내는 방법을 소개해오고 있다.

3만 명 직장인의 삶을 완전히 뒤바꾼
일 빨리 끝내는 효과 100프로 초간단 실전 가이드

과거에는 잔업을 하는 사람은 성실한 직원이라 생각했고, 또 잔업은 당연한 일, 일반적인 일이었다. 그러나 매시매분 빠르게 변화하는 요즘 시대에는 '효율성'이 가장 중요한 업무 방식으로 요구되고 있다. 즉, 일을 빨리 끝내는 사람이 일 잘하는 사람으로 인정받는 시대가 된 것이다.

일을 빨리 끝내는 사람은 업무 집중도가 뛰어나며, 효율적인 시간관리에 능하고, 협업을 통해 업무능률을 배로 끌어울리는 방법을 잘 활용할 줄 안다. 그렇기에 업무 성과는 나날이 좋아질 수밖에 없다. 또한 일을 빨리 끝내면 그만큼 자기만의 시간이 많아지기에 자기계발도 꾸준히 해나갈 수 있다. 최소한의 시간으로 최대한의 성과를 내는 비결, 바로 일을 빨리 끝내는 것에 있다.

이 책을 펼친 당신은 이제 걱정할 것도, 일 빨리 끝내는 사람을 부러워할 것도 없다. 당신을 순식간에 '일 빨리 끝내는 사람'으로 변화시켜줄 방법들이 바로 이 책에 담겨 있다.

이 책에는 내가 지금까지 '일 빨리 끝내는 법'에 대한 상담 및 컨설팅을 하면서 그중에서 직장인들에게 가장 반응이 좋고, 효과가 입증된 방법 42가지를 골라 담았다. 또한 오늘부터 바로 실전에 적용해볼 수 있도록 그 해결책을 아주 구체적이면서도 따라 하기 쉽게 정리했다.

이 책에 담긴 42가지 업무습관만 기억한다면, 어느새 당신도 일 빨리 끝내는 사람이 되어 성과도, 승진도, 연봉도 놀랍도록 상승하는 변화를 맛보게 될 것이다.

차례

제 1 장

매일 업무습관 하나만 고쳐도 퇴근시간이 두 배 빨라지는 8시간의 법칙

제2장 일 빨리 끝내는 사람의 생각 포인트, 일도 관계도 삶의 질도 한번에 역전시킨다

제 3 장 **일 빨리 끝내는 사람이 절대 알려주지 않는 그들만의 특별한 업무루틴 대공개**

제4장 일 빨리 끝내는 사람의 고속승진의 비밀, 불리한 상황도 유리하게 만드는 보고의 법칙

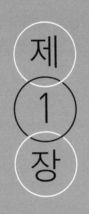

제
1
장

매일 업무습관
하나만 고쳐도
퇴근시간이 두 배
빨라지는 8시간의 법칙

▶ ▶ ▶

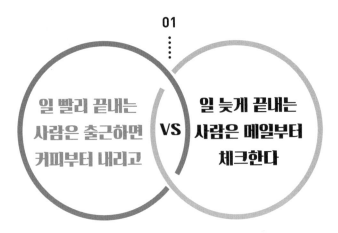

일 빨리 끝내는 사람은 출근하면 커피부터 내리고 **VS** 일 늦게 끝내는 사람은 메일부터 체크한다

기업이나 경영자, 직장인 등을 대상으로 강의할 때 "출근해서 가장 먼저 하는 일이 무엇입니까?"라고 질문하면 "메일을 확인한다"고 대답하는 사람이 대부분이다. 그런데 메일을 언제 확인하느냐에 따라 일의 진행 상황은 크게 달라진다.

아침에 출근해서 가장 먼저 메일을 체크하는 습관은 애석하게도 일 늦게 끝내는 사람의 특징 중 하나다. 메일 한 통에 답변을 보내는 시간은 그다지 길지 않을지도 모른다. 하지만 이를 전부 합치면 꽤 오랜 시간이 걸리는 일이다. 그중에는 내용이 긴 메일도 있고, 답변하기 위해 자료를 찾아봐야 하는 메일도 있다. 또 답장 후 바로 상대방에게 답장이 와 랠리처럼 계속해서 주고받게 되는 메일도 있다. 그러다 정신을 차리고 보면 이미 점심시간이 가까워 온다. 오전 중에 끝내려 했던 일은 손도 대지 못한 채 말이다.

아침, 그것도 막 출근했을 때는 아직 두뇌회전이 완벽하지 않다. 일할 준비가 충분히 되어 있지 않은 상황에서 메일에 하나하나 대응하다 보니 일도, 시간도 지지부진하게 흘러가다 결국 '아무것도 한 게 없는데 벌써 점심시간이네' 하며 마음만 조급해지는 상황이 된다.

반면 일 빨리 끝내는 사람은 아침에 출근하면 일단 커피부터 내린다. 물론 커피가 아니라 홍차나 주스여도 좋고, 간단한 스트레칭도 좋다. 핵심은 업무에 들어가기 위한 의식이다. 의식이라고 하면 좀 과장되게 들릴 수도 있겠지만 이는 두뇌와 마음을 업무모드 상태로 전환하기 위한 준비를 한다는 뜻이다.

두뇌와 마음의 상태를 의식적으로 전환하면 그날 하루의 좋은 리듬을 만들어낼 수 있다. 업무모드로 전환한 후 메일을 체크하면 이 일이 지금 당장 처리해야 할 일인지, 천천히 처리해도 괜찮은 일인지 등을 판단할 수 있다. 그리고 급한 메일에는 즉시 대처하고, 그 외에는 자투리 시간에 순차적으로 대처하도록 하자.

아침 시간은 머리가 맑아 생산성이 높은 데다 전화도 별로 걸려오지 않는다. 이렇게 귀중한 시간은 기획서 등의 창조적인 업무나 사업계획서 검토 등과 같은 집중력이 필요한 업무에 할당하는 것이 현명한 업무방식이다. 머리가 상쾌한 만큼 일도 척척 진행되어 예정보다 훨씬 짧은 시간 안에 일을 마무리할 수 있다. 그런데 이런 시간을 메일 대응에 쓰다니 너무 아깝지 않은가!

또 메일이 오면 최대한 빨리 답장할 수 있도록 항상 메일함을 열어놓고 그때그때 메일 수신 여부를 확인할 수 있게 해놓는 사람도 있다. 하지만 이는 오히려 업무를 방해할 뿐이다. 메일 알림이 뜰 때마다 신경이 쓰여서 업무에 집중할 수 없기 때문이다. 기획서나 보고서 작성 등 창조적인 업무를 하며 막 흐름을 타고 있는 와중에 메일 알림이 떠 하던 일을 중단하고 메일을 체크하고 답장 쓰기를 반복하다 보면 좀처럼 원래의 집중하던 상태로 돌아가기 힘들다.

이렇게 업무 집중력이 끊어진 후 다시 원래 상태로 돌아가 흐름을 타기까지 걸리는 시간을 '재가동 시간'이라 부른다. 업무가 한 번 중단될 때의 재가동 시간이 5분이라면 열 번 중단되면 재가동 시간에만 거의 1시간이 걸린다. 하던 일을 잠깐 멈추는 것만으로도 이렇게 시간 손해를 보는 셈이다.

따라서 메일 체크에 자기만의 루틴을 만들어두는 게 좋다. 예를 들어 집중력의 한계라 일컬어지는 50분을 하나의 기준으로 삼아 회사에 있을 때는 50분에 한 번씩 메일을 체크하는 것이다. 집중력이 떨어지면 업무효율도 떨어지는데 그럴 때 메일에 답장하다 보면 기분전환이 돼서 다시 업무에 집중할 수 있다.

단, 메일과 관련해 다음의 두 가지 사항은 주의하도록 하자. 첫째, 메일 업무를 루틴 워크(routine work, 일정하게 정해진 일상 업무 — 옮긴이)로 정했다고 해서 메일 업무 자체를 '처내는 일'이라고 생각해서는 안 된다. '메일 답장은 3분 안에 끝낸다'와 같은 발상은 잘못된 효율중시다.

나도 예전에는 메일 업무를 빨리 처내야 하는 일이라고 생각해 '얼마나 빨리 답장하느냐'에 중점을 두었던 적이 있다. 하지만 그 결과 A사에 보낼 메일을 B사에 보내 크게 문제된 적이 있다. 메일은 급하게 보내려다 보면 수신자나 참조를 넣을 때 실수가 발생하기 쉽고, 전화통화와 달리 증거가 남기 때문에 경우에 따라서는 실수한 내용이 그대로 공식적인 내용이 되어 버리기도 한다. 뿐만 아니라 이렇게 실수하면 실수를 수습하는 데 막대한 시간을 빼앗기고 만다.

둘째, 메일보다 전화가 나을 때도 있다. 그런데 무슨 일이든 메일로 끝내려는 사람이 있다. 하지만 문장으로는 제대로 설명하기 어려운 내용이나 상황을 메일로 보내면 상대방에게 의미가 잘못 전달되는 경우가 많다. 그럴 때는 전화로 먼저 설명하고 상대방의 의견이나 질문 등을 확인한 후 그 내용을 다시 메일로 정리해 보내거나 메일로 우선 상세한 사항을 적어 보낸 후 확인 전화를 하는 게 좋다. 또 경우에 따라서는 전화보다도 면담이 가장 효율적인 상황도 있으니 어떤 커뮤니케이션 방법이 가장 좋을지 검토한 후에 상황에 맞게 대응하도록 하자.

다음은 일처리가 빠른 사람의 메일 기술이다. 자신의 시간과 상대방의 시간이 낭비되지 않도록 하는 것이 포인트이니 익혀두었다가 실제 업무에 적극 활용하길 바란다.

- '안녕하세요', '빠른 답변 감사합니다', '감사합니다'와 같이 메일의 시작과 끝에 쓰는 인사말은 고정으로 등록해둔다.
- 메일을 작성하기 전에 5W2H(140쪽 참고)를 확인해 누락되는 내용이 없도록 한다.
- 메일 제목에 회사명, 용건 등을 넣어서 상대방이 쉽게

파악할 수 있도록 한다.

- 메일 한 통당 용건은 하나로 한다.

- 서명에 전화번호를 넣어 둔다.

- 가독성을 높이기 위해 긴 문장은 중간중간 줄을 바꿔 주고, 세 줄 정도마다 한 번씩 한 줄을 비워 둔다.

- 두 가지 이상으로 해석될 가능성이 있는 단어는 사용 하지 않는다. 예를 들어 '이번 주 중'보다는 '13일'과 같 은 확실한 표현이 좋다.

- 약속을 잡을 때는 3~5가지 정도의 날짜 후보를 제안 한다.

- 여러 용건에 답장할 때는 상대방이 쓴 문장을 인용해 답을 단다.

- 문장에 잘못된 부분이 있어도 마음대로 수정하지 않 고 그대로 인용하여 쓴다.

일 빨리 끝내는 포인트

메일은 50분에 한 번씩 체크한다.

02

일 빨리 끝내는 사람은 처음부터 전력 질주하고 **VS** **일 늦게 끝내는 사람은 마지막에 전력 질주한다**

일을 하다 보면 제안서, 기획서 작성 같은 창의력이 필요한 업무나 신입사원 채용 같이 오랜 시간이 필요한 업무를 맡게 되면 어디서부터 시작해야 할지 엄두가 나지 않아 자기도 모르게 뒤로 미루기 쉽다. 그러다 마감이 가까워지면 허둥대며 일을 처리한다. 이렇게 궁지에 몰리지 않으면 손도 안 대고 있다가 궁지에 몰리면 맹렬한 스피드로 일을 마무리하는 사람들이 있다.

'어쨌든 기한 내에는 마무리했으니 문제없는 거 아냐?'라고 생각할지도 모른다. 하지만 이렇게 마지막에 전력 질주하는 업무방식에는 언제나 위험이 따른다. 다음과 같은 문제가 발생할 가능성이 높기 때문이다.

- 마감 때가 다 돼서 작성하기 시작한 기획서가 상사가 요구하는 방향과 전혀 달랐다. 처음부터 다시 작성하기 위해 밤샘 작업을 할 수밖에 없었다.
- 일을 자주 의뢰하는 디자이너는 일주일 정도 소요되는 작업도 늘 2일 안에 결과물을 보내주고 퀄리티도 항상 좋았다. 그래서 디자인 작업시간을 2일로 잡고 준비하다가 연락해보니 장기휴가 중이었다. 별 수 없이 새로운 디자이너에게 의뢰했는데 납품까지 일주일이 걸리는 바람에 결국 고객과 약속한 마감일을 맞추지 못했다.
- 평소 같으면 2주 전에도 예약이 가능한 숙박시설이 이틀 전에 예약하려고 보니 만실이었다. 그 지역 다른 숙박시설도 모두 만실이었다. 근처에서 다른 큰 행사가 있었던 것이다. 별 수 없이 교통이 불편한 곳에서 숙박하게 되어 관계자들에게 폐를 끼치고 말았다.

일이 주어졌을 때 바로 일을 시작한다면 생기지 않았을

문제들이다. 이렇게 아슬아슬하게 업무를 마무리하는 사람에게는 다음과 같은 세 가지 특징이 있다.

1. 아슬아슬함에서 쾌감을 느낀다

아슬아슬한 상태를 좋아하고 궁지에 몰려야만 동기부여가 되는 사람이다. 학창시절 시험 전날에 했던 벼락치기의 쾌감과 마감 전 마지막 일주일 동안 3시간만 자며 일을 끝냈을 때 느끼는 짜릿함에 아슬아슬한 상황이 되는 마지막까지 업무를 시작하지 않는 것이다.

2. 큰 덩어리에 갇힌 상태다

'B사에 제안할 기획서를 작성한다', '세미나를 준비한다' 등과 같이 마지막에 전력 질주하는 유형은 일을 하나의 큰 덩어리로만 생각하기 때문에 어디서부터 손대야 할지 몰라 '아… 어떻게 하면 좋을지 모르겠어. 일단 다른 일부터 하자' 하며 뒤로 미루고 만다. 그러면서도 마음속에서는 '그 일은 언제 하지', '마감은 다가오는데 큰일이네' 하며 계속 신경 쓰고 스트레스를 받는다. 이러한 생각의 잡음이 집중력을 방해하고, 결국 먼저 시작한 다른 일조차 능률이 오르지 않아 모든 일들이 지지부진하게 흘러간다.

"나중에 하면 돼." 일을 뒤로 미루는 사람이 입에 달고 사는 말이다. '나중에 하면 돼'라는 마음 뒤에는 '나중에는 왠지 잘할 수 있을 것 같아', '시간이 흐르면 어떻게든 되겠지' 등과 같은 마음이 숨어 있다. 하지만 겪어본 사람은 알겠지만 나중에 한다 해도 아무것도 달라지지 않은 '지금'이 재연될 뿐이다. 사람들은 미래는 항상 지금보다 낫고 미래의 자신은 항상 지금의 자신보다 유능하다고 생각하는 경향이 있다. 하지만 이는 착각일 뿐이다.

일을 뒤로 미루는 것은 아무런 의미가 없다. 업무를 방해하는 가장 큰 요인은 바로 '시작하지 않는' 것이다. 복잡하거나 많은 시간이 필요한 업무는 시작하는 것만으로 이미 절반은 끝났다고 해도 과언이 아니다.

일을 미루기만 하고 시작하지 못하는 사람에게 가장 효과적인 방법은 '청크다운Chunkdown' 기법을 활용하는 것이다. 청크는 덩어리를 의미한다. 따라서 일을 청크다운 한다는 것은 큰 덩어리의 일을 작은 덩어리의 일로 나눈다는 뜻이다. 예를 들어 'B사에 제안할 기획서를 작성'하는 일이 주어졌다면, '상대방의 마음을 흔들 수 있는 콘셉트를 뽑아내고',

'기획서 개요를 짜고', '목차를 작성하는' 것처럼 큰 덩어리에 바로 접근하지 않고, 자신이 할 수 있는 만큼씩 일을 쪼개서 작은 일부터 하나하나 처리해가는 것이다.

일 빨리 끝내는 사람은 바로 이 청크다운 기법을 잘 활용하는 사람이다. 일이 주어졌을 때 그들이 가장 먼저 하는 일은 그 일을 작은 덩어리들로 분해해 업무의 전체 흐름을 파악한 뒤 작은 일부터 바로 시작한다. 이렇게 하면 작은 일들을 하나씩 처리할 때마다 성취감을 느낄 수 있고, 자연스레 집중력이 이어져 처음에는 엄두도 나지 않던 큰일을 마감에 쫓기지 않고도 깔끔하게 마무리할 수 있다.

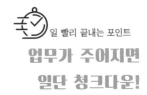

일 빨리 끝내는 포인트

업무가 주어지면
일단 청크다운!

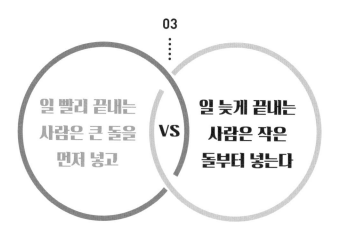

업무에는 '제대로 된 시간'이 필요한 업무와 '자투리 시간'으로도 충분한 업무가 있다. 제대로 된 시간이 필요한 업무로는 공모전 제안서, 상품개발계획서, 기획안, 예산안 작성 등이 있다. 한편 자투리 시간으로도 충분한 업무로는 전화나 메일 응대, 비품 주문, 경비 정산 등이 있다. 대부분 금방 처리할 수 있는 일들이다. 그런데 일 빨리 끝내는 사람과 일 늦게 끝내는 사람은 이 두 종류의 업무를 처리하는 데에서도 차이가 있다.

　일이 하염없이 끝나지 않는 사람은 자투리 시간으로 처

리할 수 있는 업무부터 먼저 시작한다. 가령 그날 처리해야 할 업무가 15개 있다고 치자. 이들은 그중 자투리 시간으로 충분히 처리할 수 있는, 금세 끝나는 업무 10개를 먼저 처리한 뒤 5개를 남겨 둔다. 다시 말해 압박감을 줄이는 것이다. 작업하던 중이라도 상사나 고객이 무언가 부탁해오면 하던 일을 멈추고 바로바로 대응해 처리해야 할 업무 수를 최대한 늘리지 않으려 한다. 그러나 아무리 금방 끝나는 일이라고 해도, 고작 5분에서 10분 정도밖에 안 걸리는 일이라고 해도 그 시간을 다 합치면 상당한 시간이다.

이들은 업무 수가 줄어들 때마다 일이 순조롭게 진행되고 있다고 생각하지만 이는 착각이다. 오히려 '제대로 된 시간'이 필요한 업무를 계속해서 뒤로 미뤄뒀기 때문에 차분히, 집중해서 해야 할 일을 업무시간이 끝난 뒤 잔업으로 처리하거나 그래도 시간에 맞추지 못할 때는 결국 집까지 싸들고 가게 된다.

당연한 이야기겠지만 업무가 끝난 뒤 집에서 밀린 일들을 처리해야 하는 상황에서는 생산성은 떨어지고, 그만큼 시간도 더 걸릴 수밖에 없다. 애초에 끝낼 수 있었던 시간보다 더 많은 시간이 필요해지게 되는 것이다.

이는 항아리를 채우는 원리와 비슷하다. 항아리에 자갈

을 넣을 수 있을 만큼 넣은 후 거기에 큰 돌을 넣으려고 하면 큰 돌은 거의 들어가지 않는다. 자갈들이 조금의 빈틈도 없이 꽉 들어차 있기 때문이다.

반면 큰 돌을 먼저 넣은 뒤 자갈을 넣는다면 꽤 많은 양의 자갈이 들어가고, 항아리는 큰 돌과 그 틈새들을 채운 자갈들로 실속 있게 꽉 채워진다. 큰 돌 사이사이에 생긴 틈사이로 자갈이 파고들어 갈 수 있기 때문이다. 넣는 순서만 바꿔도 들어가는 양, 채워지는 결과가 달라진다는 말이다.

일도 마찬가지다. 어느 누구도 하루 24시간이라는 시간을 바꿀 수는 없다. 이 한정된 시간을 의미 있게 활용하기 위해서는 제대로 된 시간이 필요한 업무, 높은 생산성이 요구되는 업무를 먼저 처리하고, 그다지 손이 많이 가지 않는 업무를 그 사이사이에 처리해야 실속 있는 결과를 만들어 낼 수 있다.

그러나 회사에서는 시도 때도 없이 자잘한 업무가 끼어들기 마련이다. 때문에 집중해서 일하고 있을 때 받게 되는 업무요청에 대응하는 방법도 익혀두는 것이 좋다. 예를 들어 회사에서 당신이 공모전 제안서 작성에 집중하고 있을 때 상사가 "C사에 자료 좀 보내게"라고 지시한다면 이때 당신은 어떻게 대처하는 게 좋을까? "지금은 바쁘니까 나중에 보낼게요"라고 대답한다면 당연히 상사는 기분이 언짢을 것이다. 그럴 때는 "네, 알겠습니다. 그런데 지금은 다음 달 A사 공모전 준비를 하고 있어서요. 오후 4시 이후에 보내도 될까요?"라고 대답한다면 상사도 공모전의 중요성을 잘 아는 만큼 "물론이지" 하며 이해해줄 것이다. 그리고 당신은 집중해서 공모전 준비를 끝낸 뒤 상사가 부탁한 일을 처리하면 두 가지 일 모두 원활하게 마칠 수 있다.

이처럼 일 빨리 끝내는 사람은 우선 큰일을 할 수 있는 '제대로 된 시간'을 확보한다. 그리고 큰일과 큰일 사이 자투리 시간에 작은 일을 처리한다. 작은 일들에서도 급한 순서를 미리 정리해두고 순서대로 처리해나간다. 이 업무방식은 하루 중 집중력이 높은 시간대에 '제대로 된 시간'을 확보할 수 있어 업무효율이 높아지고, 업무처리에 걸리는 총 시간도 줄어드는 효과가 있다. 일은 '제대로 된 시간'을 확보하는 데서부터 시작된다는 것을 꼭 기억해두도록 하자.

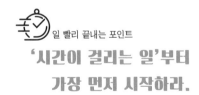

일 빨리 끝내는 포인트

'시간이 걸리는 일'부터
가장 먼저 시작하라.

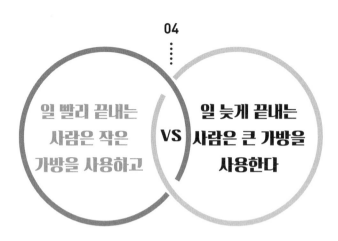

04

일 빨리 끝내는 사람은 작은 가방을 사용하고 VS 일 늦게 끝내는 사람은 큰 가방을 사용한다

당신이 업무용으로 사용하는 가방의 크기는 어떤가? 일이 좀처럼 끝나지 않는 사람은 대부분 큰 가방을 사용한다. 고객과의 미팅을 나갈 때도 크나큰 가방에 두툼한 제안서, 아마도 거의 꺼내볼 일이 없을 참고자료를 빼곡하게 채워 넣고, 여기에 이동시간에 읽겠다는 생각에 책도 몇 권 추가한 무거운 짐을 항상 들고 다닌다. 물론 책은 거의 꺼내 보지도 않는다.

고객을 만나서는 바리바리 싸들고 간 어마어마한 양의 제안서를 펼쳐놓고 프레젠테이션을 시작해보지만 결국 시간 내에 끝내지 못해 수습 곤란한 상태에 빠지는 경우도 종종 있다.

이뿐만이 아니다. 가방에 짐을 터질 듯이 집어넣는 사람은 스케줄도 터질 듯이 잡기 십상이다. 예를 들어 이동시간을 늘 딱 맞춰 계산하거나 간당간당하게 계산해서 약속 시간을 잡는다. 그 결과 미팅이 길어지거나 열차가 지연될 때마다 그 이후 모든 약속이 어긋나 고객에게 민폐를 끼치고 만다.

이 유형의 사람들은 자기 능력치 이상의 업무량을 받아들이기도 쉽다. '이 정도는 할 수 있겠지' 하며 자신의 힘을 과신하는 데다 시간 계산에도 안일해 구체적인 계획 없이 넘어오는 일을 다 받아들인다. 그리고 결국에는 제대로 다 처리하지 못해 상대방에게 폐를 끼치거나 주위 사람에 도움을 요청해 겨우겨우 일을 마무리하는 상황에 빠지고 만다.

한편 일 빨리 끝내는 사람은 작은 가방을 사용한다. 가방이 작으니 많은 양의 서류는 들어가지도 않는다. 제안서는 언제나 간단명료하다. 따라서 참고자료도 업무목적에 필요한 최소한의 양만 준비한다. 이렇게 확실히 필요한 정보만 정리해 준비하는 업무방식은 고객과의 미팅에서 핵심을 찌르는 간결한 설명으로 이어진다.

나 역시 일 빨리 끝내는 사람의 업무루틴을 따라하면서부터 작은 가방을 들고 다니기 시작했다. 작은 가방으로도 쾌적하게 일하기 위해 내가 아직까지도 실천하고 있는 일들은 다음과 같다.

- 데이터화된 자료는 서류로 들고 다니지 않는다.
- 수시로 필요 없는 물건을 버린다.
- 회사에 도착하면 모든 업무자료는 가방에서 꺼낸다.
- 노트는 한 권 이상 들고 다니지 않는다.
- 펜은 최대 두 자루까지만 들고 다닌다.
- 거래처에서 자료를 받을 것에 대비해 빈 클리어파일을 들고 다닌다.
- 하나의 클리어파일에 두 회사 이상의 거래처 자료를 같이 넣지 않는다.
- 필수품이라도 여분은 최대 하나만 들고 다닌다.

또한 이들은 업무일정도 무리하게 잡지 않는다. 본인의 업무가 1시간에 어느 정도 진행되는지를 제대로 파악하고 있어 시간 내 가능한 양과 범위를 따져본 뒤 일을 맡을지 말지를 결정한다. 따라서 주위 사람에게 폐를 끼치는 일도,

도움을 요청할 일도 거의 없다.

　약속 시간을 잡을 때도 언제 발생할지 모를 변수를 염두에 두고 여유 있게 일정을 잡는다. 확실히 할 수 있는 일만 맡고, 확실히 사용할 물건만 가방에 넣는다. 그거면 충분하다.

일 빨리 끝내는 포인트

**일정은 언제나 변수를
염두에 두고 여유 있게 잡는다.**

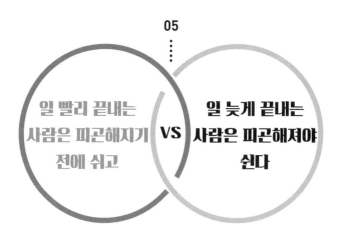

일이 막 흐름을 타기 시작해서 집중도 잘되고, 속도도 쭉쭉 나가서 딱히 쉬고 싶은 마음이 안 들 때가 있다. 나도 책 쓰기에 몰두하다 보면 쉬어야 한다는 사실을 잊어버릴 때가 있다. 당시에는 아드레날린이 분비되기 때문에 아무렇지도 않다. 하지만 3시간 이상 쉬지 않고 작업하다 보면 역시나 한계가 와서 쉴 수밖에 없다.

사실 이런 식으로 쉬면 이후 업무 페이스가 크게 떨어지고 만다. 뇌가 피폐해지기 때문이다. 적절한 휴식으로 뇌를 쉬게 해주지 않으면 집중력이나 능률이 점점 더 떨어진다.

그 결과 전체적으로 보면 하루 생산성이 평소보다 더 낮아지고 만다.

일에 집중하다 보면 중간에 멈추는 것이 아깝다고 생각하기 쉽다. 하지만 사실 이런 발상이야말로 일을 끝내지 못하는 요인이 된다.

일처리가 빠른 사람은 '포모도로 테크닉Pomodoro Technique'을 활용해 의식적으로 쉬려고 노력한다. '포모도로 테크닉'이란 이탈리아 출신 컨설턴트가 생각해낸 시간관리기술로 (포모도로는 이탈리아어로 '토마토'를 뜻한다 — 옮긴이), 유명 IT기업 CEO나 경영진이 활용하는 방법이다.

일단 25분 동안 일에 집중하면 5분간 쉬어준다. 그 후 다시 25분 동안 일하고 5분간 휴식한다. 이를 계속 반복하는 방법이다. 포모도로 테크닉을 실천하면 눈앞의 업무에 집중할 수 있고, 집중력이 떨어지는 일 없이 계속해서 효율적인 상태를 유지할 수 있다.

포모토로 테크닉의 핵심은 '피곤해지면 쉬는 것'이 아니라 '피곤해지기 전에 쉰다'는 것이다. 이를 의식적으로 실천해 업무 생산성을 높이는 방법이다.

'아, 피곤해'라고 느끼는 순간에는 쉬어도 좀처럼 피로가 회복되지 않는다. 하지만 피곤해지기 전에 쉬면 좀처럼 피곤해지지 않는다. 구체적으로는 타이머를 맞춰놓고 25분 동안 일에 집중한 후에는 강제로 의자에서 일어난다. 의자에서 일어나 한숨 돌린 후에는 잠시 걷는 것도 좋다. 아니면 커피를 내리거나 사탕을 빨아먹는 것도 좋다. 책상을 정리하거나 음악을 듣거나 더러워진 키보드를 닦는 것도 효과적이다. 쉬는 동안에는 생각도 멈춘다.

단, 스마트폰을 들여다보면서 쉬는 것은 피하도록 하자. 스마트폰 화면을 보면 교감신경이 우세해져 오히려 피로감이 더 커지기 때문이다.

'타이머가 울렸을 때 일을 일단락하기 애매한 상태라면 오히려 쉬는 게 더 비효율적이지 않을까?'라고 생각하는 사람이 있을지도 모른다. 하지만 일단락하기 좋은 시점보다 일단락하기 애매한 시점에 멈추는 게 좋다. 일을 다시 시작할 때 더 쉽게 빠져들 수 있기 때문이다.

일을 일단락하기 좋은 시점이란 한 단계를 마치고 다음의 새 단계로 넘어가는 시점을 의미한다. 그 시점에 쉬고다시 일을 시작하려 하면 처음부터 다시 시작하는 느낌이라 좀처럼 일에 다시 빠져들기가 어렵다.

포모도로 테크닉에서는 25분 간격을 제시했지만, 여기에는 개인차가 존재한다. 따라서 30분이든, 45분이든 자기가 집중할 수 있는 업무리듬에 맞춰 시간을 나누면 된다. 여기서 중요한 것은 전체적인 작업효율을 높이려면 의식적으로 쉬어주어야 한다는 점이다.

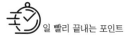 일 빨리 끝내는 포인트

25분 동안 집중해서 일하고
5분간 휴식을 취해라.

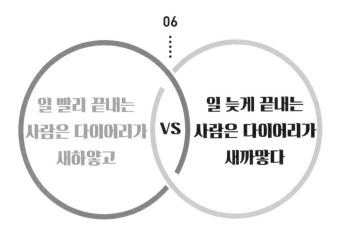

06

일 빨리 끝내는
사람은 다이어리가
새하얗고

VS

일 늦게 끝내는
사람은 다이어리가
새까맣다

B씨와 C씨는 광고회사 영업부에서 일한다. B씨의 하루는 항상 아침부터 저녁까지 고객과의 약속으로 꽉 차 있고 다이어리는 늘 새까맣다. 고객과의 미팅을 마치고 회사에 돌아오면 기획서 작성하랴, 견적서 작성하랴… 매일 밤늦게까지 잔업이 끊이질 않는다. 그런데도 퇴근시간에 "내일 아침까지 견적서 좀 작성해주세요" 등과 같은 무리한 업무요청을 받으면 한 번도 거절하는 일 없이 다 대응해준다. 하지만 아무리 일에 매진해도 성과가 오르지 않자 B씨는 조바심에 점점 더 무리해서 일을 했다.

그러던 어느 날 들어온 대형 기획 의뢰. 이 일을 하려면 잔업시간을 더 늘릴 수밖에 없었고, B씨는 자신의 한계치를 넘어서까지 일을 따내려 노력했다. 하지만 수면부족으로 인한 피로 때문에 고객의 니즈를 잘못 파악하고 말았다. 결국 모처럼 확정 직전까지 갔던 일을 다른 회사에 뺏기고 말았다. 회사에서 B씨에 대한 평가는 엉망이 됐고 신뢰도 떨어졌다. 거기에 몸 상태까지 망가져버렸다.

한편 C씨의 경우 B씨와는 달리 다이어리의 새하얀 부분이 눈에 띤다. 일주일에 이틀은 아무런 일정도 잡지 않아 자유롭게 사용할 수 있는, 이른바 '땡땡이 시간'을 확보해둔다. 이 '땡땡이 시간' 덕분에 시간적 여유가 있어 다른 부서나 상사가 갑자기 일을 의뢰해와도 침착하게 대응할 수 있다. 좋은 기회가 왔을 때 그 일에 집중할 수 있도록 여지를 남겨둔 셈이다. 특히 아무 일도 없을 때는 기획서를 다시한 번 다듬거나 매력적인 카피를 찾는 데 시간을 할애한다. 또 거의 대부분 정시에 퇴근하기 때문에 카피라이팅 학원이나 헬스장도 다닌다. 그 결과 지식이 늘어나 좋은 제안을할 수 있게 되었고, 고객들의 평가도 좋아졌다. 또 사내 평판도 좋아져 C씨에 대한 평가는 점점 더 높아져만 갔다. 그리고 결국 회사의 큰 프로젝트를 맡게 되었다.

B씨처럼 항상 일정을 잡아두지 않거나 무언가 하지 않으면 불안해하는 사람이 많다. 이미 스케줄이 꽉 차 있는데도 거절하지 못하고 모든 일을 떠안다 보니 능력치를 초과하고 만다. 이래서는 업무의 질도 떨어지고 매사 여유도 없어진다. 여유가 없으면 다른 사람과의 관계도 나빠지고 만다. 신뢰를 잃을 수도 있다. 그야말로 악순환이다.

상대방이 회사 사람이라 할지라도 언제나, 무슨 일이든 다 들어주는 사람에 대한 평가는 대부분 좋지 않다. 어쩌면 '심부름꾼' 정도로 생각할지도 모른다. 또 항상 일에 쫓기다 자칫 실수라도 하면 당연히 평가는 나빠지고 만다. 좋은 일은 하나도 없다. 생산성 없는 일을 늘려서 자기 목을 옥죈다면 그거야말로 난센스다. 일주일에 하루, 혹은 하루에 1~2시간 정도라도 나만의 휴식을 취할 수 있는 의도적인 '땡땡이 시간'을 확보하도록 하자.

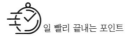

일 빨리 끝내는 포인트

아무 일정 없는 빈 시간을 확보해두라.

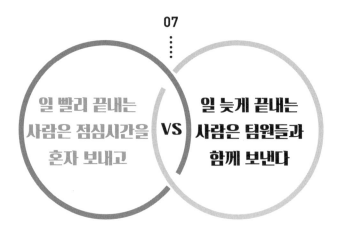

07

일 빨리 끝내는 사람은 점심시간을 혼자 보내고 **VS** 일 늦게 끝내는 사람은 팀원들과 함께 보낸다

D씨와 E씨가 근무하는 직장은 팀 모두가 같이 점심을 먹으러 가는 문화가 있다. D씨 역시 회사 사람들과 소통하기 위해 최대한 같이 밥을 먹으려고 노력한다. 함께 식사하는 자리는 분위기를 편안하게 만들고 긴장감을 풀어주는 효과가 있어 여러 사람과 같이 밥을 먹으며 대화를 나누는 일은 인간관계를 쌓는 데도 적합하다. 또 맛있는 음식을 먹으면 뇌의 쾌락중추가 반응해 함께한 상대방에게 호감을 느끼기 쉽다는 '런천 테크닉luncheon technic'이라는 심리적 효과도 있다. 그래서인지 어떤 회사는 상사에게 부하직원과 점심을

같이 먹으러 가라고 권장하는 곳도 있다.

그러던 어느 날 D씨가 같이 점심 먹으러 가자는 이야기를 거절하는 모습이 눈에 띄었다. 이유를 물어보니 대화 내용이 마음에 들지 않는다는 것이었다. 아무래도 점심시간 동안 같이 점심을 먹지 않는 팀원이나 상사의 험담이 오가는 듯했다.

점심식사를 함께하면 팀워크나 회사 생활에 여러 좋은 효과가 있다. 하지만 매번 같은 사람들과 먹는 것은 그다지 권하고 싶지 않다. 매일 같이 있다 보면 이상한 연대감 같은 것이 생겨 그 자리에 없는 동료나 상사의 험담, 혹은 회사에 대한 불만이 적잖이 튀어나오기 때문이다.

한편 E씨는 회사 멤버들과 웬만해선 같이 점심을 먹으러 가지 않는다. 매번 거절하기 뭐해 일주일에 한 번 정도는 같이 가지만 그 이상은 없다. 또 다른 부서 직원들과 교류하기 위해 같이 점심을 먹으러 가기도 하지만, 이 또한 한 달에 한두 번 정도다. 나머지 시간은 자격시험이나 영어회화 공부 등 자기계발에 할애한다. 변화가 너무나도 빠른 세상이다 보니 직장인 역시 계속 배우고, 업무기술을 향상시키지 않으면 그 변화를 따라가지 못해 한순간에 도태되고 만다. E씨는 이 사실을 잘 알고 있는 것이다.

하루가 다르게 변해가는 현대사회에서 현상유지는 곧 후퇴를 의미한다. 따라서 질 높은 결과물output이 필요하고, 그러려면 대량의 입력input이 필요하다. 그리고 점심시간은 무언가를 배우기 딱 좋은 시간이다.

그렇다고 비단 '배움'만이 자기계발의 전부는 아니다. 능률도 높여야 한다. 그를 위해 '파워 냅power nap'이라는 꿀낮잠을 권한다. 꿀낮잠은 업무 생산성에 즉각적인 효과를 가져다준다. 점심식사 후 15~20분 정도 꿀낮잠을 자면 그 후의 생산성이 부쩍 높아진다고 한다. 15분의 파워 냅은 밤의 3시간 수면에 맞먹고, 이렇게 회복된 집중력과 주의력은 150분 동안 유지된다. 유럽이나 미국의 많은 기업들이 파워 냅을 권장하는 이유다. 꿀낮잠은 업무 생산성에 즉각적인 효과를 가져다준다.

단, 그 시간이 30분 이상 길어지면 깊은 잠에 빠져들고 싶은 마음이 강해지기 때문에 오히려 역효과가 난다는 점을 주의해야 한다. 또 오후 3시 이후에 꿀낮잠을 자면 밤에 쉽게 잠들지 못하고 뒤척일 수 있다. 따라서 점심시간에 자는 것이 가장 좋다.

혼자 점심을 먹으면 오후의 업무능률을 높일 수 있을 뿐 아니라 미래의 자기 자신을 성장시킬 수도 있다. 오늘부터

점심시간을 포함해 휴식시간이 주어지면 의미 없이 흘려보
내지 말고, 자신의 의지로 효율적으로 보내도록 하자.

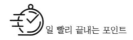일 빨리 끝내는 포인트

점심식사 후 15분 정도
낮잠을 잔다.

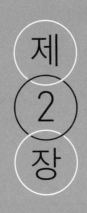

제

2

장

일 빨리 끝내는 사람의
생각 포인트,
일도 관계도 삶의 질도
한번에 역전시킨다

▶ ▶ ▶

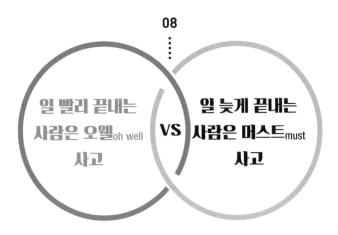

일이 좀처럼 끝나지 않는 사람일수록 '~해야 한다'는 생각이 강하다. 이른바 '머스트must 사고'가 강한 것이다. '머스트 사고'의 예를 들어보도록 하자.

- 회의 시간에는 반드시 상사보다 일찍 도착해야 한다.
- 부하직원이나 후배가 먼저 인사해야 한다.
- 상사가 호출하면 30초 이내에 달려가야 한다.
- 받은 메일에는 2시간 이내에 답장해야 한다.
- 제안서는 A4용지 세 장으로 정리해야 한다.

- 전화는 울리자마자 받아야 한다.
- 제출물은 기한 2시간 전까지는 내야 한다.
- 상담할 일이 있으면 갑자기 이야기를 꺼내지 말고 미리 메일로 약속을 잡아야 한다.
- 여름에도 긴소매 셔츠를 입어야 한다.
- 냉방은 26도로 설정해야 한다.
- 고객에게는 녹차를 대접해야 한다.

머스트 사고에서 비롯된 '~해야 한다'는 원칙은 누구에게나 적용되는 보편적인 원칙일까? 당연히 아니다. 사람은 다 다르다. 일하는 방식도, 사고방식도, 소중하게 생각하는 것까지… 당신이 '~해야 한다'고 생각하는 것이 상대방에게는 '~해야 한다'가 아닐 수도 있다. 머스트 사고는 그저 개인적인 생각일 뿐이다. 머스트 사고가 강하면 '도대체 왜 이 방식대로 안 하는 거지?' 하며 상대방에게 쉽게 짜증나기 십상이다. 또 상대가 지키지 않은 그 점이 계속 신경 쓰여서 집중력이 떨어지고 만다.

한편 일처리가 빠른 사람은 '오웰oh well 사고'의 소유자다. 오웰 사고는 '그래, 뭐 괜찮겠지'라고 생각하는 것이다. 가령 '회의 시간에는 상사보다 일찍 가 있어야 해'가 아니라

'회의 5분 전까지만 가 있으면 되지 뭐' 하며 허용범위를 넓혀준다. 평소에도 '뭐 괜찮겠지', '뭐 어때'라고 생각하는 습관을 들이면 짜증이 줄고 자기 일에 집중할 수 있다.

쉽게 짜증을 내는 '~해야 한다' 사고의 소유자와 짜증내지 않는 '뭐 괜찮겠지' 사고의 소유자가 동시에 일을 부탁한다면 아마 대부분이 후자의 부탁을 먼저 들어줄 것이다.

물론 모든 일을 '뭐 괜찮겠지'로 받아들일 필요는 없다. 명백한 규칙 위반이나 매너에 어긋나는 행동에 대해서는 확실하게, 하지만 부드럽게 주의를 주도록 하자.

여기서 중요한 것은 자신과 상대방과의 가치관, 사고방식, 업무방식이 다르다는 사실을 받아들인다는 점이다.

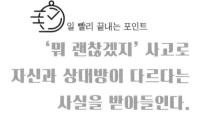

일 빨리 끝내는 포인트

'뭐 괜찮겠지' 사고로
자신과 상대방이 다르다는
사실을 받아들인다.

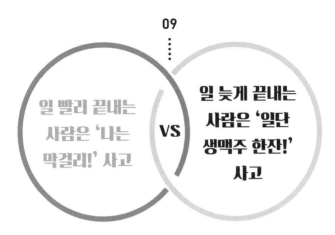

09

일 빨리 끝내는 사람은 '나는 막걸리!' 사고

VS

일 늦게 끝내는 사람은 '일단 생맥주 한잔!' 사고

퇴근길에 한잔하려고 들어간 술집에서 무슨 술을 주문할 것인지 묻는 종업원에게 한 치의 망설임도 없이 '일단 생맥주 한 잔!'이라고 말하는 사람이 많다. 안타깝게도 이런 사람에게는 업무시간이 계속 늘어나는 경향이 있다.

'일단 생맥주 한 잔'이라는 말에는 어딘가 사고가 정지된 듯한 요소가 있기 때문이다. '오늘은 비가 오니까 맥주 대신 막걸리가 좋을 거 같은데'라고 생각하면서도 자동으로 '일단 생맥주 한 잔!'이라고 말한다. '날이 쌀쌀하니 오늘은 소주나 한잔할까?' 하면서도 '일단 생맥주 한 잔!'

이 '일단 생맥주 한 잔'이 습관, 좀 과장해서 말하자면 성역(聖域)이 되어 버린 것이다. 성역은 일단 의심해보아야 한다. '회의를 위한 회의', '보고서를 위한 보고서'라고 생각하면서도 '오랫동안 이어져왔으니까', '상사가 원하니까' 등과 같은 이유로 손도 대지 못하는 성역이 되어버린 것은 없는가? 이 성역을 '일단' 고수하는 사람은 쓸데없이 시간을 빼앗긴다는 사실을 깨닫지 못한 채 일이 끝나지 않는 하루하루를 살아간다.

한편 일처리가 빠른 사람은 메뉴를 보고 '이거 새로운 메뉴네?', '이건 뭐지?' 하며 그날그날 눈에 들어오는 메뉴를 주문한다. 항상 변화를 즐기는 사람이다. 하지만 이런 사람조차도 여러 사람이 함께하는 술자리에서 모두가 '일단 생맥주 한 잔'을 외치면 좀처럼 원하는 메뉴를 주문하지 못한다. '동조압력' 때문이다. 이때 누군가가 "나는 막걸리! 다른 사람들은?" 하고 다른 메뉴를 주문하면 다른 사람도 자신이 원하는 대로 이것저것 주문하기 쉬워진다. 회의에서 누군가 실없는 말이나 대세를 따르지 않고 반대되는 의견을 냈을 때 비로소 신입 직원이나 소심한 사람이 의견을 내기 쉬워지는 것도 이와 똑같다.

일처리가 빠른 사람은 다음의 두 가지를 중시한다.

1. 성역을 의심한다

업무 효율성을 높일 수 있는 개선책을 생각할 때 사용되는 'ECRS'라는 프레임워크가 있다. 'Eliminate(제거한다)', 'Combine(통합한다)', 'Rearrange(대체한다)', 'Simplify(간소화한다)'의 네 가지 관점에서 개선 방법을 생각해보는 프레임워크다. 네 가지 관점 중에서 업무 자체를 삭제하는 E(하지 않아도 되는)에 대해 가장 먼저 생각해보아야 한다. 이것이 가장 개선효과가 크고, 그 다음이 C, R, S 순이다.

성역이라 여기고 당연하게 해왔던 일에 대해 '왜 이 업무가 필요한지' 자문해보면 생략할 수 있는 업무, 간소화할 수 있는 업무가 의외로 넘쳐난다는 사실을 깨달을 수 있다. 오랫동안 이어져 내려와 지금은 성역이 되어 버린 '매주 1시간씩 열리는 정례회의'를 예로 들어보자.

- E(제거한다) : 폐지한다.
- C(통합한다) : 매월 한 번 열리는 정례회의와 합친다.
- R(대체한다) : 화상전화로 대체할 수 있도록 한다.
- S(간소화한다) : 30분 안에 끝내도록 한다.

이처럼 성역이 되어 버린 업무도 ECRS 프레임워크에 따라 의심해보면 업무시간을 줄일 수 영역이 많이 있다.

2. 동조압력에서 벗어난다

목소리 큰 사람이나 위압적인 사람이 회의를 주최하면 좀처럼 의견을 내놓기 쉽지 않은 법이다. '일단 생맥주 한 잔'과 같이 뻔한 메뉴를 주문하는 것처럼 팀 전체 사고가 멈추어 버린다. 그 결과 성역이 그대로 유지되어 'ECRS'가 기능하지 못하게 된다. 전원이 동조압력에 굴복해 똑같아지고 마는 것이다. 하루가 다르게 변하는 현대사회에서는 똑같다는 건 곧 뒤처진다는 것을 의미한다. '일단'이 아닌 생각하는 풍조를 팀에 정착시켜 변화를 만들어나가도록 하자.

이 두 가지야말로 자기 자신뿐 아니라 팀 전체의 업무시간을 확실히 단축할 수 있는 비결 중 하나다.

일 빨리 끝내는 포인트

ECRS를 활용해
제거해야 할 업무를 찾는다.

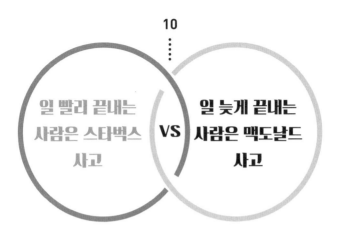

10

일 빨리 끝내는
사람은 스타벅스
사고

VS

일 늦게 끝내는
사람은 맥도날드
사고

일이 하염없이 끝나지 않는 사람은 매뉴얼을 좋아한다. 어떤 상황에서도 매뉴얼을 엄격히 준수하고, 매뉴얼에 없는 일은 하면 안 된다고 생각한다.

맥도날드는 하나부터 열까지, 세부적인 작업까지도 매뉴얼로 확실히 정해두고 얼마나 신속하게, 낭비 없는 움직임으로 일하는가를 중시한다. 미소조차 매뉴얼을 따른다. 또 매뉴얼에 없는 상품은 절대 만들지 않는다. 회전율을 가장 중시하기에 어떤 의미에서 보면 어쩔 수 없는 일이긴 하지만, 맥도날드에서는 프렌치프라이에 소금을 듬뿍 뿌려 달라고 할 수도 없고, 추가요금을 낼 테니 더블치킨버거를 만들어 달라고도 할 수 없다.

한편 스타벅스는 매뉴얼이 정해져 있긴 하지만 스스로 생각해서 움직일 수 있는 범위가 넓다. 자신이 생각하는 방식으로 고객을 대하고, 고객의 특별한 주문에도 응해준다. 홍차라테의 우유 양을 조절해달라거나 커피에 꿀을 넣어달라고도 할 수 있다. 가끔은 직원들이 테이크아웃용 컵에 "Have a good day!" 등과 같은 메시지를 적어주기도 한다.

나는 일의 성격상 전국에 있는 여러 스타벅스 매장에 들를 기회가 있다. 수트케이스를 들고 서 있자면 "출장 오셨어요?" 하며 말을 건네 와 곧잘 잡담을 나누기도 한다. 근처에 있는 유명 관광지를 소개해주는 직원도 있다.

나는 맥도날드의 서비스 스타일을 맥도날드 사고, 스타벅스의 서비스 스타일을 스타벅스 사고라고 부른다. 맥도날드 사고는 매뉴얼을 엄격히 준수하고 낭비를 절대 만들지 않는 방식이다. 이는 업무시간을 줄이는 데 언뜻 효과적으로 보이기도 한다. 하지만 '생각'을 하지 않아도 되기 때문에 '이 외에 더 좋은 방법이 있을지도 몰라'라는 생각이 들어도 '매뉴얼에 이렇게 적혀 있으니까' 하며 도입하려 하지 않는다. 다시 말해 그저 '일을 처리하는' 상태에 빠지고 마는 것이다.

일은 단순하지 않다. 모든 일에는 반드시 무언가 독자성originality이 있다. 스타벅스 사고는 고객을 좀 더 만족시킬 수 있는 방법을 고민하고, 한 건, 한 건 상대방에게 맞추어 가며 정성을 다해 일하는 방식이다. '한 건, 한 건 생각하며 일하면 시간이 더 많이 걸려 힘들지 않을까?' 하고 생각하는 사람이 있을지도 모른다. 하지만 오히려 그 반대다.

매뉴얼을 전제로 아무 생각 없이 움직이는 맥도날드 사고가 오히려 상황에 맞게 응대할 수 없고, 매뉴얼만 따르는 비효율적인 방식을 계속 유지해 업무시간이 더 늘어나는 반면, 1분이든, 2분이든 좀 더 효율적이고 나은 방법을 의식적으로 고민하며 일하다 보면 업무에 융통성이 생겨 고품질의 업무가 가능해진다. 그리고 그 결과 상대방에게 만족을 줄 수 있고 실수도 안 하게 된다. 따라서 결과적으로 보면 업무시간은 절대 늘어나지 않는다.

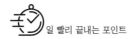 일 빨리 끝내는 포인트

매일 1~2분 스타벅스 사고를 하면 업무 융통성이 높아진다.

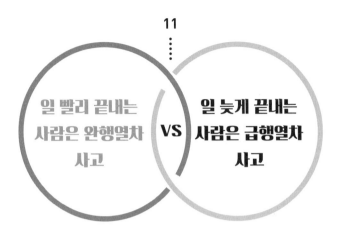

11

일 빨리 끝내는
사람은 완행열차
사고

VS

일 늦게 끝내는
사람은 급행열차
사고

지하철로 출퇴근하는 사람은 대부분 집에서부터 회사까지 최단 시간에 도착하는 급행열차를 이용할 것이다. 예전에 나도 회사에 다닐 때 출퇴근 시간대에 가장 혼잡하기로 유명한 노선의 급행열차를 이용했다. 회사까지 가장 짧은 시간에 갈 수 있는 방법이었기 때문이다. 지하철 안은 마치 콩나물시루처럼 옴짝달싹도 할 수 없는 상태다. 책은 물론이고, 팔을 움직일 수 없어 핸드폰조차 꺼내서 볼 수 없다.

원래 출퇴근 시간은 그날의 일정을 머릿속으로 떠올리며 필요한 정보를 입력하고 확인하는 귀중한 자투리 시간이다. 편도 1시간인 사람의 출퇴근 시간은 왕복으로 치면 2시간, 주 5일로 치면 10시간, 월 20일로 치면 40시간, 1년으로 치면 700시간으로 상당히 많은 시간이다. 700시간은 시험에 따라 다르긴 하겠지만 자격증 하나는 충분히 딸 수 있는 시간이고, 200쪽짜리 책을 매일 한 권씩 읽을 수 있는 시간이다.

하지만 대부분의 직장인은 최대한 빨리 회사에 도착하기 위해 급행열차에 몸을 실은 채 정보 입력은커녕 스트레스와 피로만 잔뜩 안고 출근한다. 혼잡한 지하철 안에서는 '밀었다, 밀지 않았다' 등과 같은 말다툼도 발생한다. 짜증내는 사람도 꽤 있는데, 그 짜증은 주위 사람에게도 금세 전염된다.

일 빨리 끝내는 사람은 급행열차는 피하고 완행열차로 출퇴근하며 출퇴근 시간을 귀중한 정보를 입력하는 시간으로 쓴다.

예전에 나는 집에서 한 정거장 떨어진 곳에 완행열차 종점이 있어서 일부러 한 번 환승해 그 역까지 이동한 후 완행열차로 갈아타서 출퇴근하곤 했다. 완행열차에는 짜증내는 사람이 없다. 느긋이 앉아 신문이나 책을 펼쳐들고 읽을 수도 있다.

지각할까 봐 마음이 조급한 출근 시간, 빨리 집에 가서 눕고만 싶은 퇴근시간에는 누구라도 좀 더 빨리 갈 수 있는 방법을 선택하고 싶겠지만, 완행열차 안에서 활용하는 짜투리 시간은 충분한 수익을 가져다주는 분명하고 확실한 효율적인 투자라고 할 수 있다.

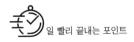
일 빨리 끝내는 포인트

출퇴근 이동시간의 자투리 시간을 자기계발에 활용한다.

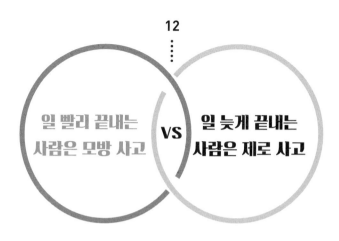

12

일 빨리 끝내는
사람은 모방 사고
VS
일 늦게 끝내는
사람은 제로 사고

일이 하염없이 끝나지 않는 사람에게는 항상 제로 상태에서 일을 시작하는 습성이 있다. 고객에게 메일을 보낼 때도, 기획서 등의 서류를 만들 때도 문장을 처음부터 다시 생각한다. 분명 상대방의 니즈에 맞게 문서를 작성하는 일은 좋은 일이다. 하지만 매번 제로에서부터 만들기 시작하면 아무리 시간이 많아도 결국 시간은 늘 부족하다.

나는 대학을 졸업하던 해에 여행회사에 입사했다. 회사를 상대로 단체 여행을 판매하는 업무였는데 매일 직접 회사들을 방문해 고객의 니즈를 파악하고 그 니즈에 맞게 기

획서를 제출했다. 형태가 없는 상품이다 보니 내용도 천차
만별이었다.

가이드와 함께 유적지를 탐방하는 코스가 있는가 하면,
리조트에 머물며 각자 자유 시간을 보내는 코스도 있다. 온
천에 머물며 함께 유유자적 시간을 보내기를 바라는 고객
이 있는가 하면 5성급 호텔에 머물며 각자 휴식을 취하고
싶어 하는 고객도 있다.

그 당시 나는 한 건, 한 건 고객에게 들은 이야기를 감안
해 기획서를 작성했다. 하지만 그런 방식으로는 아무리 시
간이 많아도 부족했다. 평일에는 막차가 끊길 때까지 회사
에 남아 일했고, 쉬는 날인 토요일에도 출근해서 일했지만
일은 좀처럼 끝나지 않았다.

한 번은 고객을 방문해 겨우겨우 기획서를 제출할 기회
를 잡았다. 역시나 아무리 야근에 야근을 거듭해도 끝맺음
을 하지 못해 시간은 계속 미뤄졌고, 결국 기다리던 고객에
게 항의를 받고 다른 회사로 기회를 뺏기고 말았다. 열심히
하는데도 실적은 항상 최악이었다.

동기 영업사원 중 매우 유능한 B씨는 이런 나와는 완전
대조적이었다. 그는 언제나 태연한 얼굴을 하고 고객을 끊
임없이 확보해나갔다. 나처럼 기획서를 작성하느라 오후

내내 책상에 앉아 있기만 하는 것도 아니었다. 고객과의 미팅도 자주 갖고, 확실히 관리해가며 결과를 만들어냈다. 그와 나의 차이점은 무엇일까?

그러던 어느 날 밤늦게까지 잔업하다 둘만 남아 라면을 먹으러 가게 되었다. 늘 궁금했던 나는 "어떻게 하면 그렇게 일을 쉽게 할 수 있어? 기획서 같은 건 어떻게 작성해?"라고 물어보았다. 그러자 놀랄 만한 답변이 돌아왔다.

"선배들 꺼 베껴서 하지."

깜짝 놀란 나는 속으로 '베끼는 건 커닝이잖아! 그렇게 교활하게 일해도 되는 거야?'라고 생각했다. 하지만 뒤이어 들려준 이야기는 더 충격적이었다. 지점에서 매출 1위를 달성한 직원 N씨도 과장님이 예전에 만들어둔 기획서를 베낀다는 것이었다. 그렇다. 모방이야말로 '능력자'들의 기술이었다.

B씨는 평소에 괜찮아 보이는 호텔이나 관광지 등을 기획용 노트에 적어두고, 좋은 기획서를 발견하면 템플릿_{template}화하여 자기 것으로 비축해두었다. 템플릿화해두면 나중에 고객이름이나 날짜 등만 바꿔가며 빠르고 간단하게 대응할 수 있다.

서류작성은 영업의 주된 업무가 아니다. 고객과의 관계

를 만드는 일이야말로 영업의 주된 업무다. 자기만족을 위해 주된 업무가 아닌 서류작성에 아무리 많은 시간을 투자해봐야 성과는 오르지 않는다.

시험시간 커닝은 당연히 규칙 위반이다. 하지만 비즈니스 세계에서는 좋은 것은 베끼는, 이른바 모방이 현명한 방법이다.

제로에서 무언가를 만들어내는 일은 매우 어렵고 시간이 걸리는 일이다. 회사에는 선배들이 만들어둔 노하우, 지혜, 방법들이 비축되어 있다. '능력자'인 동료들도 더 좋은 'How to'를 계속 만들어내고, 자기 자신 또한 매일매일 축적해가고 있다. 이렇게 비축된 것을 사용하지 않을, 베끼지 않을 이유가 없다.

일 빨리 끝내는 포인트
좋은 것은 베끼자!

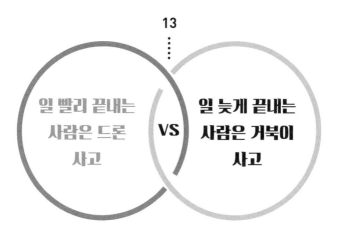

가령 100쪽에 달하는 카탈로그를 작성하는 데 분량을 나눠 몇 명이서 같이 작업하게 되었다고 치자. A씨는 그중 20쪽을 담당하게 되었다. A씨는 '내가 담당하는 부분은 완벽하게 해내야지'라는 생각에 세세한 부분에 연연하고 디자인에 공을 들여가며 천천히, 정성스럽게 작성해나갔다.

하지만 생각보다 시간이 너무 많이 걸려 기한 안에 끝내지 못할 상황에 빠졌다. 결국 잔업을 해야만 하는 지경에 이르렀고 다른 멤버들에게도 민폐를 끼치고 말았다. A씨는 오로지 자신이 담당하는 부분만 보고 일을 진행했기 때문에 속도가 늦어진 것이다.

나는 A씨와 같은 사고를 '거북이 사고'라고 부른다. 거북이 사고를 하는 사람은 자신이 해야 할 작업을 꾸준히 해나간다. 분명 일은 하나씩 마무리되고 있는 것처럼 느껴지겠지만 눈앞의 일만 바라보고 일을 진행하는 거북이 사고는 나무만 보고 숲을 보지 못하기 때문에 일이 언제 끝날지는 정작 알 수 없다. 또 눈앞에 있는 일에만 열심이기 때문에 급히 서둘러야 하는 상황에서도 필요 이상으로 세세한 부분에 집착하는 모습을 보이는 등 '부분 최적화(광범위한 목적의 통합 부분 중에서 일부분을 최적화하는 과정-옮긴이)'의 사고방식에 빠지고 말 가능성이 있다.

〈토끼와 거북이〉에서는 결국 거북이가 토끼를 이기지만, 비즈니스 세계에서는 무엇보다 속도가 중요하다. 아무리 정성스럽게 일한다 해도 기한 안에 끝내지 못한다면 이도저도 안 된다.

반면 똑같이 20쪽을 담당하게 된 B씨는 일할 때 먼저 전체 흐름을 확실히 파악한 후 일을 시작한다. 카탈로그 작성이라는 업무를 맡았으니 먼저 납품일, 최종 데이터 마감일 등의 스케줄을 확인해 계획을 세운다.

가령 2월 15일에 영업사원이 고객에게 카탈로그를 배포

한다고 치자. 그렇다면 적어도 1월 10일까지는 디자인 레이아웃을 담당하는 부서에 원고를 넘겨야 한다. 그런데 달력을 보니 12월 20일부터 1월 10일까지는 연말연시 기간이라 그 부서에 일이 많이 몰려 있다. 그러니 12월 15일까지는 완성된 원고를 꼭 넘겨야 한다. 최종목표를 생각하면 이처럼 앞을 읽어가며 계획을 세울 수 있다.

B씨는 하루를 어떻게 보낼지도 최종목표 관점에서 생각한다. 예를 들어 오후 6시에 퇴근한다고 치자. 그러면 '오후 5시까지 다음 주 회의 자료를 작성해서 상사에게 제출하도록 하자. 그러려면 적어도 오후 3시에는 자료 작성을 시작해야 한다. 그 전에 E사에 보낼 견적서를 작성할 시간도 확보해야 한다. 그런데 오후에는 부장님이 급한 일을 부탁하거나 다른 부서의 업무요청 등으로 시간을 뺏기는 일이 자주 발생한다. 그 일을 끝내려면 대략 1시간 정도 걸리니 E사에 보낼 견적서 작성은 오후 1시부터 시작하도록 하자' 등과 같이 말이다. 그 결과 잔업은 없다.

B씨는 자신의 모습을 마치 드론처럼 높은 곳에서 내려다보려고 노력한다. 즉 나무뿐 아니라 숲도 제대로 본다.

나는 B씨와 같은 사고를 '드론 사고'라고 부른다. 드론은 높은 곳에서 내려다보기 때문에 거북이보다 시야가 넓다.

또 드론의 시점에서 보면 전체를 볼 수 있기에 함께 일하는 다른 사람도 제대로 배려할 수 있다.

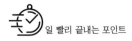
일 빨리 끝내는 포인트

협업이 필요한 일을 할 때는
전체 흐름을 먼저 파악하라.

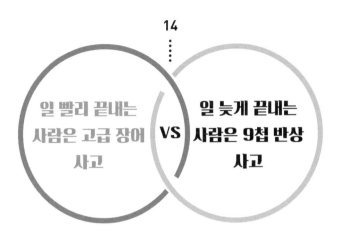

일 빨리 끝내는 사람은 고급 장어 사고 **VS** 일 늦게 끝내는 사람은 9첩 반상 사고

일이 하염없이 끝나지 않는 사람은 결과물인 기획서나 자료에 정보를 너무 많이 집어넣는 경향이 있다. 그러다 보면 결과물은 각종 나물 반찬에, 생선구이에, 찌개에, 고기까지 꽉꽉 채워 넣은 '9첩 반상'처럼 되어 버린다. 9첩 반상 결과물을 만드는 사람들은 다음과 같이 생각하기 십상이다.

- 자세할수록 좋은 자료다.
- 정보가 많이 들어가 있어야 체면이 선다.
- 그림이나 표를 많이 넣은 자료가 보기 좋다.

하지만 이는 모두 자신만의 생각일 뿐 상대방의 입장까지 고려한 것은 아니다. 애당초 기획서나 자료는 누군가를 설득하거나 문제를 해결하기 위해 작성하는 것이다. 실제로 비즈니스에서는 특정 안건에 대해 문제를 해결할 때 그 어떤 상황에서도 핵심 정보가 그렇게 많이 필요한 경우는 별로 없다. 따라서 자료는 정확하고 중요한 핵심 정보만 추려서 작성해야 한다.

'만일의 사태에 대비해서 빠짐없이 정보를 넣어서 위험을 피하고 싶다'라고 생각하는 사람이 있을지도 모른다. 하지만 당신은 핸드폰을 개통하거나 호텔을 예약할 때 세부적인 약관 조항을 하나하나 전부 읽어 보는가? 대부분의 사람은 읽지 않는다.

이처럼 많은 사람을 대상으로 한 자료조차 세세하게 읽어 보지 않는데 정해진 사람에게 제출하는 결과물이라면 더욱 그 사람에게 필요한 정보만 추려서 제시하면 된다.

최고급 고기로 만든 갈비찜이 9첩 반상 속에 있으면 눈에 띄지 않는 것처럼 정보를 너무 많이 집어넣으면 무엇이 포인트인지 알 수 없다. 또 비즈니스 세계에서 읽는 데 한참 걸리는 수십 장에 달하는 자료나 세부적인 수치로 꽉 들어찬 표를 건네는 것은 상대방의 시간을 빼앗는 일이기도 하다. 물론 작성하는 본인도 결과물 작업에 많은 시간을 빼앗기고 만다. 다시 말해 백해무익하다.

상대방에게 무언가를 설명할 때 가장 중요하다고 일컬어지는 규칙이 있다. 바로 'KISS 법칙'이다. 'Keep it Short and Smile'의 앞 글자를 딴 것으로, 비즈니스 문서는 '짧고 단순명쾌하게 정리하는 것'이 중요하다는 이야기다. 그렇지 않아도 바쁜 비즈니스맨들은 심플한 것을 선호한다. 따라서 단순하고 짧은 문장을 이용해 정보를 전달하는 것이 상대방의 기억에 남기 쉽다. 이를 위해 다음의 사항들을 참고해두자.

- 한 장의 슬라이드에는 하나의 메시지만 넣는다.
- 전달할 내용은 세 개로 한정한다.
- 한 장의 슬라이드에는 세 가지 색만 사용한다.
- 상품설명은 한 마디로 표현할 수 있도록 한다.
- 쪽수가 많은 자료에는 앞부분에 두 페이지 이내로 간추린 요약문을 붙인다.
- 가능한 한 짧은 문구를 사용한다.
- 주어나 술어를 생략하고 체언體言으로 끝맺음한다.
- 여백을 충분히 둔다.

- 한 장의 슬라이드에는 하나의 그래프만 넣는다.
- 꺾은선 그래프에서 중요한 내용은 볼드체로 한다.
- 매트릭스 도표나 흐름도를 사용한다.

일처리가 빠른 사람은 일점호화주의(一点豪華主義, 전체적으로는 검소한데 특정 물건에 대해서는 돈 쓰기를 아까워하지 않고 호화로움을 추구하는 것 — 옮긴이)로 결과물을 만든다. 장어 가게를 찾는 사람은 최고급 장어가 목적이지 튀김이나 시금치를 먹고 싶은 것이 아니다. 가령 장어 가게에서 최고급 장어에 튀김이나 야채를 섞어 밥 위에 얹어 내는 메뉴를 만들었다고 치자. 여러분이라면 먹고 싶겠는가? 아마도 대부분의 사람은 '최고급 장어를 제대로 맛볼 수 있기'를 원하지, 주변에 얹어진 튀김이나 야채에는 관심이 없다. 최고급 장어는 자료로 치자면 상대방이 가장 알고 싶어 하는 정보다. 그것만 알면 나머지는 참고할 수준 정도면 충분하다는 이야기다.

따라서 자료나 기획서 등은 상대방이 시간을 낭비하지 않을 수 있도록 최소한의 중요한 정보로만 '짧고', '단순명쾌하게' 정리해 작성해야 한다.

참고로 나는 예전에 자료를 완성하기 전 초안이나 작업

단계에 자료를 제출해야 할 상대방에게 '지금 자료를 작성하고 있는데 이런 형태면 될까요?'라고 확인하곤 했다. 이때 상대방이 무언가 덧붙여 주기를 원하면 '30쪽 정도 더 늘어나서 자료가 꽤 두툼해지는데 괜찮으시겠어요?' 등과 같이 구체적인 문제점을 제시해 확인을 받으며 일을 진행해갔다. 그러면 일을 다 끝낸 뒤 서로 생각했던 방향이 달라 처음부터 다시 해야 하는 상황을 피할 수 있다. 또 상대방이 만족할 만한 자료를 작성할 수 있을 뿐 아니라 자신의 업무 시간도 줄일 수 있다. 상대방에게도 열심히 일한다는 느낌까지 줄 수 있다. 그야말로 일석이조, 아니 일석삼조다.

상대방이 원하는 것을 제공하는 것, 이게 가장 중요하다.

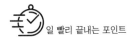
일 빨리 끝내는 포인트

**비즈니스 문서는 짧고
단순명쾌하게 작성한다.**

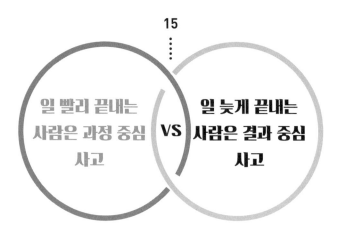

일이 하염없이 끝나지 않는 사람은 '결과만 좋으면 된다'고 생각한다. 그렇기 때문에 결과에 따라 '일희일비—喜—悲'하기 십상이다.

　업무를 진행하며 아무리 배운 점이 많다고 해도 결과에만 신경 쓰느라 중간 과정에 대해서는 아무 기록도 남기지 않았기 때문에 다음에 똑같은 업무가 들어와도 나아지지 않는다. 이래서는 몇 번이고 똑같은 경험을 해도 업무효율이 좋아지지 않는다.

　한편 일 빨리 끝내는 사람은 업무에서 배운 점을 정리해

그때마다 노하우를 매뉴얼로 만든다. 그 결과 다음 업무의 질이 높아지고 작업효율 역시 좋아진다. 이는 업무시간 단축으로도 이어진다.

또 매뉴얼로 만들어두면 팀원이나 회사 내 다른 부서와도 공유할 수 있다. 'YWT'는 이렇게 자신이 경험한 바를 정리할 때 사용하기 좋은 방법이다. 이는 한 일(やったこと, Y), 알게 된 점(わかったこと, W), 다음에 할 일(次にやること, T)의 일본어 발음 앞 글자를 딴 것으로, Y, W, T의 세 가지 관점에서 일을 되짚어보는 방법이다.

1. Y: 한 일을 적어본다

일한 내용을 눈에 보이는 형태로 만든다.

2. W: 알게 된 점을 적어본다

한 일(Y) 중에서 알게 된 점(W)을 적어본다. 배움이나 깨달음을 찾아내는 단계다. 성공과 실패 모두 알아보기 위해 공부가 된 점을 빠짐없이 적어보길 바란다.

3. T: 다음에 할 일을 적어본다

1과 2의 내용을 통해 다음에 할 일(T)을 적어본다. 앞으로

동일한 업무를 맡게 되었을 때 어떻게 할지에 대해 생각하며 적는다.

한 달에 한 번 열리는 입학설명회를 예로 들어 생각해보도록 하자.

- Y: 한 일
  - 지금까지 문의가 있었던 600건에 대해 메일과 우편물로 안내장을 보냈다.
  - 시작시간은 오후 6시 30분으로 정했다.
  - 전체설명 45분, 체험실습 60분, 질의응답 15분으로 총 120분을 설정했다.

- W: 알게 된 점
  - 스태프 두 명으로는 서른 명의 참가자 전원을 다 지원할 수 없었다.
  - 시작시간에 늦은 사람이 있었다.
  - 설문지에 장소를 찾기 어려웠다고 언급한 사람이 다섯 명 정도 있었다.
  - 질의응답 시간이 10분 정도 초과되었다.

- T: 다음에 할 일
  - 참가자가 서른 명 규모인 경우 두 명이 아닌 세 명의 스태프를 배치한다.
  - 참가자 정원을 열 명으로 한정해 두 명의 스태프가 충분히 지원할 수 있도록 한다.
  - 전체설명 30분, 질의응답 30분으로 설정한다.
  - 시작시간을 오후 7시로 늦추고, 늦는 사람이 없도록 접근성이 좋은 장소를 찾아본다.
  - 정기적인 메일 매거진 발행을 검토한다.

이벤트나 과제 등 무언가를 경험했다면 YWT를 돌아보는 시간을 확보하도록 하자. '일일이 그러다가는 시간만 많이 걸리고 아까워'라고 생각할지도 모른다. 하지만 이 과정을 거치면 YWT의 T(다음에 할 일)가 PDCA(98쪽 참고)의 P(계획)를 세울 때 큰 힌트가 된다. 그 결과 소요시간도 단축된다. 또 이렇게 YWT를 반복하다 보면 매뉴얼의 정밀도가 점점 높아진다.

매번 몇 시간씩 투자하지 않아도 된다. 15분에서 20분 정도라도 좋다. YWT를 돌아보며 정리하는 것을 루틴으로 만들기만 하면 된다.

이제부터 나의 경험을 재산으로 바꾸어 시간낭비를 줄여
나가도록 하자.

일 빨리 끝내는 포인트

프로젝트가 끝나면
YWT 방법으로 정리하라.

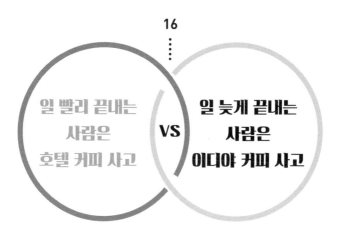

16

일 빨리 끝내는 사람은 호텔 커피 사고

VS

일 늦게 끝내는 사람은 이디야 커피 사고

이디야 커피는 지하철역 근처나 중심가에 많아 커피를 사기가 매우 편리하다. 나도 약속 시간이 남을 때는 자주 들어가 책을 읽곤 한다. 맛도 맛이지만 적정선의 가격도 매력적이다. 하지만 매번 이디야 커피만 고집하는 사람은 주의할 필요가 있다. 항상 가는 곳만 간다는 사람은 사고가 정지되어 있을 가능성이 크다. '항상 같은' 환경과 행동은 시야를 좁게 만든다.

일처리가 빠른 사람은 일상생활 속에서 변화를 만든다. 이디야 커피만 고집하지 않고 때로는 고급 호텔에 있는 카페에도 간다. 고급 호텔 내에 있는 카페에 가면 물론 커피 값은 몇 배나 더 비싸다. 하지만 고급스러운 찻잔, 편한 소파, 기분전환이 되는 분위기 등 그만큼 얻을 수 있는 것도 많다. 일상에서 벗어난 공간을 맛볼 수 있고, 그로 인해 자연스럽게 시야가 넓어진다. 일상에서 벗어난 공간에 있으면 몸과 마음이 편안해져 아이디어도 번뜩이기 쉬워진다.

고급 호텔에서 매일 값비싼 스테이크나 와인을 먹으라는 게 아니다. 어쩌다 한 번, 가끔 시간을 내어 고급스럽고 세련된 곳에서 차분히 커피나 홍차 한잔 즐기는 것이다.

바로 여기서 변화가 생겨난다. 때로는 '시간이나 공간을 돈으로 사는' 체험도 필요하다.

물론 직장인에게 돈은 민감한 부분이다. 하지만 돈은 시간과는 달리 없어져도 노력하면 되찾을 수 있다. 하지만 시간은 절대 되찾을 수 없는 유한한 것이다. 가끔은 분위기 좋은 레스토랑에 가거나 고급 숍에 가서 작은 물건을 하나 사보는 것도 결코 돈 낭비가 아니다.

돈을 절약할 생각만 하다 보면 사고가 정지되고, 변화를 만드는 것은 점점 더 어려워져 업무효율을 높이거나 개선하려는 생각조차 할 수 없게 된다. 그러니 업무시간은 계속 늘어만 간다.

조금 돈이 들더라도 시간을 사는 감각을 익혀 보도록 하자. 시간이 지닌 가치를 의식하는 것, 곧 업무시간을 단축하는 비결이다.

일 빨리 끝내는 포인트
**한 달에 한 번,
시간과 공간에 돈을 쓰자.**

제

3

장

일 빨리 끝내는 사람이 절대
알려주지 않는
그들만의 특별한
업무루틴 대공개

▶ ▶ ▶

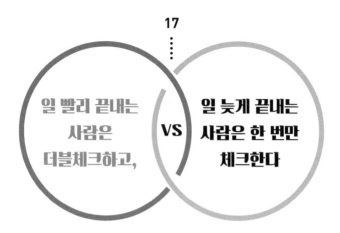

일 빨리 끝내는 사람은 더블체크하고, **VS** 일 늦게 끝내는 사람은 한 번만 체크한다

예전에 직장생활을 할 때 나는 사무적인 실수를 많이 했다. 발주서에 정보를 잘못 기재하고, 전표 금액을 틀리고, 보고서에 수치를 반대로 쓰고…. 당연히 상사나 선배에게 몇 번이나 주의를 받았다.

'주의가 산만한 점을 고쳐야 하는데', '침착하게 하자', '책임감을 갖자' 등과 같이 스스로를 타이르고 세심한 주의를 기울여 몇 번이나 체크도 해봤지만, 실수는 고쳐지지 않았다. 스스로를 타이르던 모든 말들이 추상적이고 전혀 구체적이지 않았기 때문이다. 아무리 고치려는 의지가 강해도 구체적인 대책이 없으면 고쳐지지 않는다.

그러던 어느 날 언제나 정확한 작업으로 모두의 신임을 받던 선배와 같이 밥을 먹을 기회가 있었다. 이때다 싶어 "어떻게 선배님은 항상 실수 없이 일하세요?"라고 물어봤더니 "난 항상 더블체크를 해"라고 대답해주었다.

그때까지의 나는 '두 번씩 체크하는 건 시간낭비'라고 생각했다. 시간은 한정되어 있고 소중한 경영자산이니 체크는 한 번으로 충분하며, 실수가 없도록 처음 작업할 때부터 세심하게 주의를 기울이면 된다고 생각했다. 아마도 이런 마음가짐으로 일했기 때문에 계속해서 실수가 없어지지 않았던 것 같다.

실수하면 아무리 사소한 실수라도 다시 고쳐야 하기 때문에 당연히 시간이 더 많이 걸린다. 두 번 체크하는 시간을 줄일 요량이었지만 오히려 작업 시간만 늘리고 만 주객전도主客顚倒인 셈이다.

그렇다면 그 선배처럼 실수하지 않는 사람은 어떻게 일을 할까? 일단 인간은 실수하는 동물이라는 사실을 이해하고 자신에 대한 과신을 버린다. 그리고 실수한다는 사실을 전제로 '이를 어떻게 찾아낼까'를 생각한다. 그 후 두 번 체크하는 구조를 만든다.

이를 위해 구체적인 체크리스트를 작성한다. 이 체크리스트를 활용하면 확인해야 할 항목이 누락되는 것을 막을 수 있다. 또 체크리스트를 만들 때는 최대한 공정을 세분화하는 것이 포인트다.

하지만 체크리스트만으로 완벽하다고는 할 수 없다. '체크리스트로 확인하니 괜찮겠지'라는 마음가짐으로 체크하면 틀린 부분이 있어도 놓치고 만다. 또 아무리 실수한다는 것을 전제로 체크해도 처음 체크했을 때 실수가 없다는 사실을 알게 되면 마음이 놓여 두 번째 체크할 때는 방심해 실수를 놓치기 십상이다.

이에 다음 세 가지 방법을 활용하여 체크하기를 권한다.

1. 체크리스트의 순서를 거꾸로 해서 체크한다

이는 음식점 등에서 자주 사용하는 방법이다. 처음에는 위에서부터 순서대로 더해서 계산하고, 검산할 때는 밑에서부터 순서대로 더해서 계산하는 방법이다. 더블체크는 첫 번째와 똑같은 동작을 반복하는 것이 아니라 다른 방법으로 해야 한다. 그래야 실수를 찾아내기 쉽다.

2. 숫자는 그래프를 사용해 확인한다

엑셀로 꺾은선 그래프를 만든다. 그러면 숫자를 크게 틀렸을 경우 그 부분만 돌출되어 보이기 때문에 시각적으로 찾아내기 쉽다. 문서에서 수치의 오류는 무엇보다 큰 실수이므로, 수치가 들어간 문서를 체크할 때는 그래프를 활용하도록 하자.

3. 처음 체크할 때와 다른 장소, 다른 시간대에 체크한다

환경이 달라지지 않은 상태에서 첫 번째에 이어 두 번째 체크를 하게 되면 이미 문서에 익숙해져 있기 때문에 실수를 예리하게 발견하기 어려워진다. 따라서 두 번째 체크를 할 때는 환경을 바꾸는 것이 중요하다.

나 같은 경우는 원고 교정 작업을 할 때 처음에 낮에 했다면 다음에는 저녁에 한다. 그러면 처음에 깨닫지 못했던 실수를 깨닫게 되는 일이 많기 때문이다.

또 더블체크를 연달아 하면 두 번째에는 처음보다 대충 보게 돼 두 번째 체크에서는 실수를 발견할 확률이 적어진다. 그러니 두 번을 연달아 체크하기보다는 시간차를 두고 확인하는 편이 실수를 찾아내기 쉽다. 또 잠시 쉬고 나면 기분이 상쾌해져 실수를 깨닫기 쉽다.

장소를 바꿔 체크하는 방법도 추천한다. 장소를 바꾸면 시야가 새로워져 집중력이 올라가 실수를 발견하기 쉽다.

'나는 실수한다'라는 것을 늘 전제에 두고 문서를 체크하자. 또 체크는 효율적으로 하려 하면 실수를 발견하기 어렵다는 사실도 꼭 기억해두도록 하자.

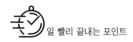

일 빨리 끝내는 포인트

문서는 항상 더블체크한다.

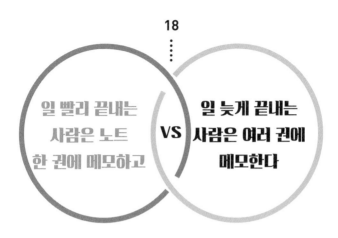

18

일 빨리 끝내는 사람은 노트 한 권에 메모하고

VS

일 늦게 끝내는 사람은 여러 권에 메모한다

'나는 기억력이 좋아서 굳이 메모 안 해도 기억할 수 있어' 라며 자신의 기억력을 과신하는 사람들이 있다. 하지만 이 는 크나큰 착각이다.

'에빙하우스의 망각곡선 Ebbinghaus curve'이라는 유명한 이론 이 있다. 기억이 어느 정도 속도로 잊히는지를 나타낸 것으 로, 이에 따르면 사람은 한 번 기억한 내용을 20분 후에 42 퍼센트나 잊어버린다고 한다. 또 다음 날에는 무려 74퍼센 트를 잊어버린다고 한다.

따라서 자신의 기억력을 절대 과신해서는 안 된다. 특히

'중요한 거 아니니까', '시간 있을 때 해야지' 등과 같이 우선순위가 낮은 사항은 더욱 금세 잊어버리고 만다. '이 정돈 기억할 수 있겠지'라고 생각한 것들 역시 망각곡선에 따라 곧 까맣게 잊어버리고 만다. 그러다 "그건 어떻게 됐어?"라는 상대방의 질문을 받으면 안절부절 못한 경험 누구나 한 번은 있을 것이다.

일처리가 빠른 사람일수록 무엇이든 다 그때그때 메모한다. 자신의 기억력에 의지하지 않는 것이다. 메모 습관에는 다음과 같은 장점이 있다.

1. 집중력이 좋아진다

예를 들어 A사에 제출할 견적서를 작성하던 중 문득 다음 달 대만 출장 때문에 여권을 갱신해야 한다는 사실이 떠올랐다. 한 번 신경 쓰이는 일이 생기면 그 일이 머릿속에서 떠나질 않아 다른 일은 손에 잡히지 않는다. 이때 수첩에 '다음 주 월요일, 여권 신청'이라고 적어두면 안심하고 잊어버릴 수 있어 눈앞에 있는 현재의 일에 집중할 수 있다.

2. 일이 중단되지 않는다

기획서를 작성하고 있는데 상사가 다른 고객의 동향에 관해 질문해왔다. 하던 일을 멈추고 상사의 질문에 대답하고 나니 30분이 훌쩍 지나가 버렸다. 겨우 상사의 질문에 답변을 마치고 이제 다시 작업을 시작해볼까 했더니 '아까 어디에서 헤맸었더라?' 하며 작업 내용이 기억나지 않을 때가 있다. 이때도 상사의 질문에 대답하기 전에 자신이 헤매고 있던 부분을 살짝 메모해두면 사고를 원래 상태로 금방 되돌릴 수 있다.

3. 실패를 활용할 수 있다

어떤 실패를 했는지 기록해두면 다음과 같이 활용할 수 있다. 예를 들어 인원을 적게 배치해서 실패했다고 가정해보자. 지난 번 실패에 관한 메모가 있으면 똑같은 일이 다시 들어왔을 때 그 메모를 찾아보고 스태프를 두 명 더 늘리는 등과 같은 대처로 다음에 똑같은 실패를 반복하지 않을 수 있다.

4. 아이디어를 만들어낼 수 있다

일에 대한 아이디어는 우연한 순간에 떠오른다. 그런데 '어, 이거 괜찮은 아이디언데!'라고 기뻐하는 사이에 사라져 버리고 두 번 다시 떠오르지 않는 경우가 종종 있다. 어쩌면 그 아이디어에는 수억 원의 가치가 있었을 수도 있다. 하지만 잊어버리고 난 후에는 아무런 가치도 만들어낼 수 없다. 종이든, 스마트폰이든 어디에도 상관없다. 메모해두도록 하자.

단, 메모는 한 권의 노트를 만들어 가급적 한 군데로 모으는 것이 좋다. '회사 밖 미팅은 파란색 노트, 회사 내 미팅은 빨간색 노트, 상사의 지시는 녹색 노트' 등과 같이 노트를 분류해 메모하는 사람이 있다. 얼핏 보면 현명한 방법처럼 느껴지기도 한다. 하지만 메모를 여러 권에 나눠 하다 보면 정작 메모해야 하는 순간에 해당 노트가 없어 우선 눈앞에 보이는 이면지나 다른 곳에 메모해두고는 조금만 시간이 지나면 어디에 메모해두었는지 몰라 결국 무용지물이 되는 문제가 자주 발생한다. 또 여러 권에 나눠 쓰다 보면 그때그때 노트를 찾아 메모하는 게 어느 순간 귀찮아져 결국 앞에만 열심히 메모하고 서랍 속으로 들어가 버리고 만다. 따라서 메모를 효과적으로 활용하기 위해서는 자신만의 메모 노트 한 권 만드는 것을 추천한다. 메모에 분류가 필요하다면 한 권에 프로젝트별로, 거래처별로 인덱스를 붙여 메모하도록 하자.

또 하나의 팁은 시간 순서대로 나열해 적는 것이 가장 단순하면서도 효율적인 방법이다. 날짜로 찾으면 원하는 정보를 바로 찾을 수 있어 시간도 별로 걸리지 않는다. 업무 관련 모든 메모는 한곳에 정리하는 게 효율적이라는 것을 기억하자.

일 빨리 끝내는 포인트

메모는 노트 '한 권'에 정리한다.

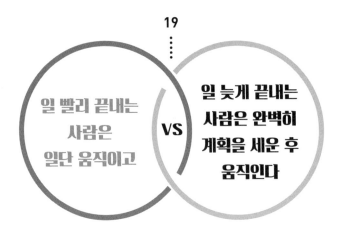

매출 증가나 생산성 향상, 목표 달성을 위해 업무를 개선해 나가는 프로세스로 'PDCA 사이클'이 있다. PDCA는 다음의 네 단계로 이루어진다.

- P(Plan, 계획): 기존 실적이나 장래 예측 등을 바탕으로 업무계획을 작성한다.
- D(Do, 행동): 계획에 따라 업무를 실행한다.
- C(Check, 확인): 업무가 계획대로 진행되고 있는지 평가한다.

• A(Action, 실행): 계획대로 진행되고 있지 않은 부분을 조사하여 개선한다.

이 PDCA 사이클은 매우 유효한 프레임워크로 다양한 상황에서 활용되곤 하는데, 자칫 잘못 사용하면 그 기능을 다하지 못하게 된다. 예를 들어보자.

전자결제시스템을 호텔에 제안해보려는 B씨. 신중에 신중을 기해 P(계획)를 검토하기 시작한다. 분명 계획을 확실히 세우는 것만큼 좋은 일은 없다. 하지만 새롭게 시도하는 업무의 경우 '움직여보지 않으면 모르는' 부분이 많다. 이런 경우 일단은 전자결제시스템이 '호텔에 적합한 시스템'이라는 가설을 검증해보아야 한다. 실제로 호텔에 전자결제시스템에 대한 니즈가 있는지 없는지는 직접 부딪혀보지 않으면 알 수 없다. 호텔업계가 흥미를 보이지 않는다면 그림에 떡일 뿐이다.

그런데 B씨는 맹목적으로 가설을 믿고, 실제 영업계획, 판촉계획, 판매예측을 구체적으로 작성하기 위해 막대한 시간을 투자하여 준비하기 시작했다. 일이 좀처럼 끝나지 않는 사람의 전형적인 패턴이다.

한편 일처리가 빠른 C씨는 가설을 세우고 나면 일단 움직인다. 상품이나 서비스가 '매매'되는 곳이라면 반드시 전자결제시스템에 대한 니즈가 존재할 것이다. 이에 어느 정도 준비가 끝나면 일단은 움직이고 본다. 우선 호텔 업계에 부딪혀보고 그 결과 잘 안 되면 다른 업계에 영업할 새로운 계획을 세운다.

현대는 변화의 속도가 엄청난 시대다. 인터넷의 발달로 비즈니스모델을 모방하기 쉬워졌고, 당신이 생각해낸 비즈니스모델을 경쟁자인 다른 누군가도 생각해냈을 가능성도 있다. 이런 시대에는 얼마나 빨리 PDCA를 회전시키느냐가 중요하다. 그야말로 고속 PDCA 사이클에 따라 일을 처리해나가야 한다. 처음에 세운 계획은 대부분 엉성하다. 일처리가 빠른 사람은 그 사실을 잘 안다.

미군의 영웅 조지 패튼George S. Patton은 "오늘의 좋은 계획은 내일의 완벽한 계획보다 가치가 있다"고 말했다. 적절한 계획을 세우기 위해 정보를 더 모으고 계획의 정밀도를 높이려고 해도 절대 100퍼센트 완벽해지지 않는다. 일단 움직이고 난 후에 하는 편이 정밀도도 높아진다.

신중한 사람 중에는 필요 이상으로 실패를 두려워하는 사람도 있다. 하지만 실패는 일시적인 좌절에 불과하고, 성공에 도달하기 위해 꼭 필요한 과정일 뿐이다.

성공은 한 번도 실패하지 않는 것이 아니다. 좌절을 극복하고 목표를 달성해나가는 것이다. 그러니 빨리 실패하는 편이 더 낫다고 생각하고 계획을 세우는 동시에 일단 움직이자.

일 빨리 끝내는 포인트
고속 PDCA 사이클로 일하자.

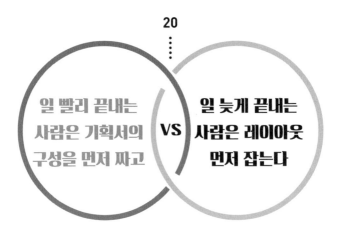

20

일 빨리 끝내는 사람은 기획서의 구성을 먼저 짜고 VS **일 늦게 끝내는 사람은 레이아웃 먼저 잡는다**

G씨는 책상에 앉아 대형고객인 H사에 제안할 기획서를 파워포인트로 작성 중이다. 그런데 안타깝게도 일이 전혀 진행되지 않는다. 이것도 아니고 저것도 아니고, 하고 싶은 말이 잘 정리되지 않아 썼다가 지우기를 무한반복 중이다. 사실 이미 1시간째 이 상태여서 이대로라면 밤샘 작업은 거의 확정이다. 냉혹하게 이야기하자면 G씨는 일이 하염없이 끝나지 않는 사람의 전형, 생산성 제로인 사람이다.

또 이런 사람도 있다. 고객에게 제출할 제안서를 작성하게 된 I씨는 갑자기 파워포인트를 켜더니 레이아웃을 잡기 시작했다. 화면을 들여다보며 '자, 제목은 뭘로 하면 좋을까? 슬라이드 배경으로는 어떤 디자인이 좋을까?' 등과 같이 제안서 내용이 아닌, 그다지 중요하지 않은 세세한 부분이나 장식에 매달렸다. 그러다 문득 정신을 차리고 보니 제안서 마감 하루 전이다. 어쩔 수 없이 시간에 맞추기 위해 깊이도, 알맹이도 없는 내용으로 가득 찬 자료를 만들 수밖에 없었다. 그 결과 고객은 제안서에 전혀 흥미를 보이지 않았고, 상사에게도 하고 싶은 말이 무엇인지 전혀 모르겠다며 질책만 받았다. 이는 모두 생각 없이 작업에 들어갔기 때문에 벌어진 결과다.

일 빨리 끝내는 사람은 일할 때 시간을 '사고시간'과 '작업시간'으로 나눈다. '사고시간'이란 자료의 전체적인 구성이나 흐름을 생각하는 시간, '작업시간'이란 실제로 입력 및 작성하는 시간이다. 시간을 효율적으로 사용한다면서 갑자기 입력부터 하기 시작하는 사람이 적지 않은데, 이는 역효과만 난다. 내용을 생각하지 않은 채 작성부터 하기 시작하면 정작 최종목표는 보이지 않기 때문이다.

5분이라도 좋다. 컴퓨터를 켜기 전에 먼저 종이와 펜을 준비해 기획서의 기본구성을 어떻게 하면 좋을지 손을 움직여가며 생각해보도록 하자. 앞으로 해야 할 일(기획서)의

설계도를 만드는 것이다.

설계도에는 '자료를 작성하는 목적', '어떤 사람이 이 기획서를 읽는지', '필요한 항목', '페이지 수' 등을 적어 넣는다. 펜을 들고 종이에 쓰는, 즉 손을 움직이는 행위는 뇌를 활성화시키는 효과가 있어 본격적인 작업에 들어가기 전 워밍업 단계로 추천하는 방법이다. 또 설계도만 제대로 만들어두면 그 다음 입력이나 그래프 작성 등은 척척 진행된다. 시간도 별로 걸리지 않는다.

이렇게 짧은 시간 동안 생각한 것을 손수 적어가며 설계도의 큰 틀을 만들어둔 뒤 그때부터 제대로 된 시간을 확보해 설계도를 완성시켜 나간다. 그리고 나서 컴퓨터에 입력하면 자신이 설계한 내용이 더 돋보이게 작업할 수 있다. 최종목표가 보이기 때문에 이를 향해 나아갈 수 있다.

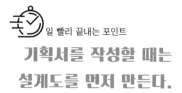

일 빨리 끝내는 포인트

기획서를 작성할 때는
설계도를 먼저 만든다.

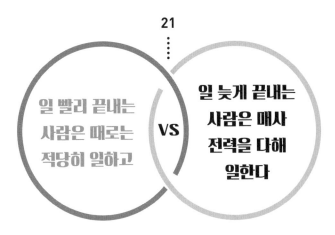

21

일 빨리 끝내는
사람은 때로는
적당히 일하고

VS

일 늦게 끝내는
사람은 매사
전력을 다해
일한다

항상 밤늦은 시간까지 야근하는 A씨는 언제나 전력투구한다. 기획서는 물론 전표나 보고서도 대충대충 하는 일 없이 늘 최선을 다해 작성한다. 하지만 매일 같이 이어지는 야근으로 몸과 마음 모두 피폐해진 상태가 지속되다 보니 활기도, 의욕도 점점 사라져갔다.

어찌 보면 당연한 일이다. 처음부터 끝까지, 풀 스로틀(full throttle, 오토바이나 자동차에서 엔진의 스로틀을 전부 여는 것으로, 전력을 다해, 혼신의 힘을 다해 등의 뜻으로 쓰인다 – 옮긴이) 상태로 움직이는 데는 무리가 있다.

야구로 한번 생각해보자. 아무리 실력 좋은 선발투수라도 1회에서 9회까지 전력투구하지는 않는다. 그랬다가는 9회까지 버티지 못하고 공이 바닥에 처박히고 만다. 그렇기에 최고의 투수는 3번이나 4번 타자와 같은 강타자에게는 전력으로 승부하고, 하위 타선 타자에게는 적은 볼 수에서 방망이를 휘두르게 만들어 힘을 비축한다.

회사생활도 마찬가지다. 매일 아침부터 저녁까지 계속 전력을 다해 일할 수 있는 사람은 없다. 가령 월요일은 풀스로틀 상태로 일할 수 있다 해도 목요일쯤 되면 완전 녹초가 되고 만다.

또 모든 일을 전력을 다해 완벽하게 하려면 힘이 버텨주지 못할 뿐 아니라 시간도 부족하다. 아무리 잔업을 해도 일이 계속 쌓여만 간다.

완벽주의의 반대는 '적당히'다. 일처리가 빠른 사람은 때로는 '적당히' 일한다. '적당히' 일한다고 하면 '땡땡이친다', '하자 있는 물건을 만든다' 등과 같은 나쁜 이미지로 받아들여지기 쉽다. 하지만 원래 '적당히' 일하는 것은 일을 적절히 분배할 수 있는 능력이다. 일의 중요도에 따라 취사선택하거나 우선순위를 매기는 것이 중요하다는 말이다.

이탈리아의 경영학자인 빌프레도 파레토Vilfredo Pareto가 발견한 '파레토 법칙'이라는 것이 있다. 20퍼센트의 고객이 80퍼센트의 매출을 창출한다는 내용인데, 이는 업무량에도 해당된다. 20퍼센트의 중요한 일이 80퍼센트의 성과를 창출한다는 말이다. 따라서 우리는 정말 중요한 20퍼센트의 일에 힘을 쏟고, 중요도가 낮은 80퍼센트의 일은 최대한 적당히 할 줄 알아야 한다.

업무에는 '처리하는' 업무와 '머리를 쓰는' 업무가 있다. '처리하는' 업무로는 전표나 업무보고서 작성 등이 있다. '머리를 쓰는' 업무로는 기획서 작성이나 사업계획 작성 등이 있다. '머리를 쓰는' 업무는 20퍼센트의 중요한 일이고, '처리하는' 업무는 적당히 해도 되는 중요도가 낮은 일이다.

예를 들어 출장보고서를 작성해야 한다고 치자. 보고서에 도표를 넣거나 어떤 레이아웃으로 할지 고민하지 않아도 된다. 출장에서 어떤 성과가 있었고, 앞으로 어떤 상황이 예상되고, 모두와 공유하고 싶은 정보가 무엇인지만 들어가면 된다. 사내에서 직원들만 공유하는 서류 등은 사내 원칙에 따라 실수 없이 제대로 전달되기만 하면 된다.

회의록을 몇 시간에 걸쳐 작성하는 사람도 있다. '누가 무슨 발언을 했는지' 하나도 빠짐없이 작성하곤 하는데, 애당초 그럴 필요가 없다. '결정된 사항', '담당자', '시작 시기

와 마감 시기', '중간경과 확인일자와 확인방법'만 알 수 있으면 된다. 이처럼 생산성이 없는 업무는 최소한으로, 업무에 지장이 가지 않을 정도로만 '적당히' 한다.

반면 기획서 작성이나 전략 입안, 대형 고객에게 접근하는 방법 등의 중요한 업무에는 전력을 다한다. 이때다 싶은 승부가 필요할 때만 전력을 다하면 된다. 이것이 바로 우수한 비즈니스맨이라는 증거다.

일 빨리 끝내는 포인트

**'처리하는' 업무는
적당히 하자.**

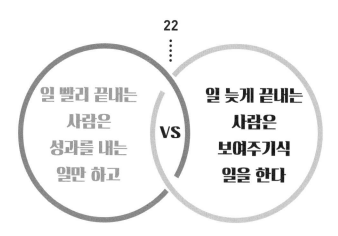

22

일 빨리 끝내는 사람은 성과를 내는 일만 하고 VS 일 늦게 끝내는 사람은 보여주기식 일을 한다

일이 하염없이 끝나지 않는 사람일수록 '자신이 일하고 있다'는 사실을 끊임없이 어필하고 싶어 하는 마음이 도사리는 경우가 많다. '내가 이렇게 열심히 하고 있어'라는 어필은 결코 나쁘지 않다. 하지만 그 어필은 생산성과 결과를 통해 나타나야 한다. 결코 '제가 이런 일을 하고 있었어요'라는 알리바이가 되어서는 안 된다.

예를 들어 '알리바이'는 다음과 같은 것이다.

• 보고서의 디자인에 연연한다.

- 제출 서류의 항목을 쓸데없이 늘린다.
- 사내에서 사용하는 자료의 양식을 쓸데없이 변경한다.
- 회의에서 자신의 존재감을 어필하기 위해 근거도 없는 반대의견을 늘어놓는다.
- 열심히 하는 것처럼 보이기 위해 목청 높여 이야기한다.
- 중요하지 않은 내용까지 일일이 다 적은 쓸데없이 방대한 양의 회의록을 작성한다.
- 회의 전에 대책회의를 연다.
- 관계없는 사람까지 메일 CC에 넣는다.

이처럼 알리바이를 만드는 일은 자신에게도, 다른 사람에게도 여분의 시간을 빼앗는 시간낭비일 뿐이다. 비즈니스에서는 결과뿐 아니라 과정도 중요하다. 좋은 결과는 좋은 프로세스에서 나오니 어찌 보면 당연한 이야기다.

가령 한 번은 운 좋게 좋은 결과가 나왔다 하더라도 적절한 과정을 거치지 않는다면 계속해서 좋은 결과를 낼 수 없다. '과정이 좋으면 된다, 결과는 어쩔 수 없다'고 생각하는 사람이 있을지도 모른다. 하지만 전혀 결과로 이어지지 않는 과정, 이것이야말로 알리바이를 만드는 쓸모없는 일밖에 안 된다. 일처리가 빠른 사람은 알리바이를 만들기 위한 일은 하지 않는다. 당당하게 성과를 내기 위한 일만 한다.

다음은 도요타의 관리기법으로 유명한 작업분류 방법이다.

- 주 작업: 가치를 낳는 작업. 고객 상담, 구매 부문의 비용 삭감으로 이어지는 제안.
- 부수작업: 가치를 낳지는 않지만 작업하는 데 필요한 작업. 이동, 회의, 고객용 제안서 작성 등.
- 낭비 및 예외 작업: 가치를 낳지 않는 작업(알리바이 만들기는 여기에 포함된다).

일처리가 빠른 사람은 주 작업을 중심으로 일하면서 부수작업은 최대한 줄이기 위해 노력한다.

품질 좋은 제품을 짧은 시간 안에 완성하려면 주 작업에 할애하는 시간을 확실히 확보해야 한다. 작업할 때는 항상 그 작업이 '어디에 해당하는지' 분류하고, 성과를 의식하며 일하도록 하자.

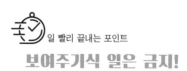

일 빨리 끝내는 포인트

보여주기식 일은 금지!

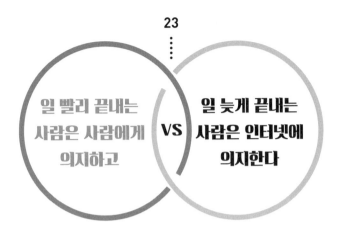

23

일 빨리 끝내는 사람은 사람에게 의지하고 **VS** 일 늦게 끝내는 사람은 인터넷에 의지한다

일이 좀처럼 끝나지 않는 D씨는 무언가 새로운 일을 시작하거나 지식을 얻고 싶을 때면 곧바로 인터넷으로 조사한다. 밖으로 나가 조사하는 것보다 시간도, 에너지도 효율적으로 절약하는 방법이라고 판단했기 때문이다. 그러던 어느 날 회사에서 신규고객 확보를 위한 세미나 개최를 D씨가 담당하게 되었다. D씨는 바로 인터넷 검색을 시작했다.

참여율이 높은 요일은 무슨 요일일까?

강사는 누가 좋을까?

인원수는 몇 명이 적당할까?

어떤 방법으로 알려야 사람들이 잘 모일까?

참석자 신청은 어떤 방법으로 받는 게 좋을까?

간담회를 여는 것이 좋을까?

세미나 장소로 적합한 곳은 어디일까?

어디에, 얼마나 비용이 들까?

여러 사이트를 돌아다니며 조사해봤지만 단편적인 정보만 모일 뿐 좀처럼 전체적인 계획을 세울 수가 없었다. 누군가에게 물어볼까도 생각했지만 왠지 번거롭게 하는 것 같아 결국 물어보지 못했다. 그 결과 상사가 일을 부탁한 지 2주일이 지나도록 아무 진척이 없어 질책만 받고 E씨로 담당자가 교체되고 말았다. 투자한 시간에 비해 성과도 내지 못하고 자신에 대한 평가만 낮아진 셈이다.

한편 D씨로부터 업무를 인계 받은 E씨는 인계를 받자마자 가장 먼저 주위 사람에게 예전에 세미나를 개최해본 경험이 있는 사람이 없는지 물어보았다. 그러자 한 선배가 다른 지점에 있는 F씨가 몇 번이나 세미나를 개최해본 경험이 있다고 알려주었다. 그 즉시 E씨는 F씨에게 연락해 세미나 절차에 대해 상세히 배울 수 있었다. 또 F씨가 자주

112
113

사용하는 세미나 장소나 공지방법 등 세미나 개최에 필요한 세세한 정보까지 얻을 수 있어 단계적으로 원활하게 일을 진행시킬 수 있었다.

경험이 없을 때는 그 일을 경험해본 사람에게 물어보는 것이 가장 좋다. D씨는 '누군가의 시간을 빼앗으면 안 된다'라고 생각했을지도 모르지만 그렇지 않다. 사실 가르쳐주는 사람은 누군가 자신에게 물어봐주기를 바라고 있을 것이다. 사람에게는 누군가에게 자신의 지식이나 경험을 가르쳐주고 싶어 하는 습성이 있기 때문이다. 누군가 자신에게 조언을 부탁하면 '내가 의지가 되는구나'라는 생각에 인정욕구가 채워져 오히려 기분을 좋게 만들기도 한다. 그러니 물어보고 싶은 것이 있을 때는 거침없이 물어보면 된다.

애당초 이 세상에 올라운드 플레이어는 그리 많지 않다. 사람에 따라 잘하는 것, 못하는 것이 있다. 엑셀 함수에 대해 잘 아는 사람이 있는가 하면 회계 지식에 강한 사람이 있고, 홍보에 자신 있는 사람도 있다. 그러므로 하나부터 열까지 인터넷 검색으로 정보를 얻는 데 시간을 허비하기보다는 서로 필요한 부분을 그때그때 채워주며 일하는 것이 효율적인 업무방식이다.

혹시라도 지금 어떻게 해야 좋을지 몰라 몇 시간째 책상

앞에서 끙끙 거리고 있는 일이 있다면 일단 누군가에게 물어보자. 자신이 잘 못하는 부분은 다른 사람에게 의지하는 것, 이 또한 업무시간 단축의 포인트다.

일 빨리 끝내는 포인트

도움이 필요한 일은
거침없이 묻는다.

24

일 빨리 끝내는 사람은 목표를 알리고

VS

일 늦게 끝내는 사람은 알리지 않는다

같은 회사에 다니는 J씨와 K씨는 4개월 후에 열리는 마라톤 풀코스에 함께 출전하기로 했다. 이에 두 사람은 잔업을 줄이고 밤에는 함께 달리기 연습을 하기로 했다.

하지만 J씨와 K씨의 결과는 완전히 달랐다. J씨가 일찍 퇴근할 수 있었던 날은 딱 3일뿐이었다. 연습도 거의 못하고, 대회에 출전은 했지만 중간에 포기하고 말았다.

한편 K씨는 정시에 퇴근할 수 있도록 노력해 2개월 후에는 완전히 잔업을 없앨 수 있었다. 밤마다 달리기 연습을 한 덕분에 본 대회에서도 완주할 수 있었다.

두 사람의 업무량은 똑같았다. 매일 3시간씩 잔업을 해야 하는 상황 또한 똑같았다. 그런데 왜 이런 차이가 발생한 것일까?

두 사람은 다음의 두 가지가 달랐다.

1. J씨는 목표를 공언하지 않았고, K씨는 목표를 공언했다

J씨는 목표를 공언했다가 성공하지 못하면 부끄러울 것 같아 아무도 모르게 마라톤 대회를 준비했다. 하지만 이런 마음가짐으로 목표에 임하면 언제든 그만둘 수 있다.

심리학에 '현상유지편향'이라는 말이 있다. 사람은 변화를 싫어하는 경향이 강하기 때문에 현재 상태를 유지하고 싶어 한다는 말이다.

점심은 항상 가는 단골가게에서만 먹고, 아침에 편의점에서도 항상 사는 물건만 사는 행동들이 바로 '현상유지편향'이다. 현상을 유지하려는 마음이 합리적인 판단을 이겨버리는 것이다.

J씨가 마라톤에 출전하기로 결심하고 빨리 퇴근하기 시작한 지 4일째 되던 날, 고객에게 급한 업무의뢰가 들어와 잔업을 해야만 하는 상황이 발생했다. J씨는 그때까지 누구에게도 마라톤에 출전한다고 선언하지 않았다. 따라서 마

라톤 연습 대신 야근을 한다 해도 뭐라고 말할 사람이 없었다. J씨 스스로도 잔업을 하는 편이 일이 잘 진행되는 것 같아 다음 날부터는 다시 잔업 하는 일상으로 돌아갔다.

한편 마라톤에 출전한다고 당당하게 선언한 K씨. 선언한 이상 실천하지 않을 수 없다. K씨는 매일 저녁 8시에 퇴근했다. 주위 사람에게 선언하는 방법은 행동을 지속시키는 데 매우 효과적이다. 사람은 심리적으로 '언행일치의 원칙', 즉 '말'과 '행동'을 일치시키고자 하는 경향이 있기 때문이다.

한 번 '하겠다'고 선언한 이상 이를 다시 철회하는 데 상당한 거부감을 느끼고, 뒤로 물러설 수 없는 상태가 된다. 그리고 이것이 행동을 지속시켜주는 동기부여가 된다. 그러니 주변에 공언하는 것이야말로 목표달성에 가장 효과적인 방법이다.

2. J씨는 큰 목표부터, K씨는 작은 목표부터 시작했다

J씨는 첫날부터 잔업을 아예 없애려고 했다. 이게 큰 문제였다. 매일 잔업 하던 J씨에게 잔업 제로는 큰 목표, 그야말로 최종목표라 할 수 있다.

J씨는 3일째까지는 잔업을 하지 않아 잔업 제로라는 큰 목표를 달성할 수 있었다. 하지만 4일째 되던 날 결국 잔업

을 해서 잔업 제로 상태를 유지할 수 없었고, 이로 인해 다음 날부터 의욕이 완전히 사라지고 말았다.

한편 K씨는 처음에는 '평소보다 1시간 빨리 퇴근할 수 있도록 하자'라는 작은 목표부터 시작했다. 작은 목표다 보니 달성하기 쉬워 한 달 동안 유지할 수 있었다. 그 후 퇴근 시간을 1시간씩 앞당겨갔다.

우리는 무언가를 시작하려고 할 때 한꺼번에 바꾸려고 하는데 그러면 잘 안 된다. 차이가 너무 크다 보면 의식이 현상유지 쪽으로 움직이기 쉽기 때문이다. 매일 1시간씩 영어공부를 하자고 결심했다면 처음에는 '30분이 지나면 공부를 마치도록 하자' 정도의 계획을 세우는 편이 오래 유지할 수 있는 방법이다.

첫날은 기세가 있으니 3시간 연달아 공부할 수 있을지도 모른다. 하지만 이래서는 몸과 마음이 지쳐 버린다. 그러다 보면 어느새 원래 상태로 되돌아가 더는 지속하지 못 하게 된다.

작은 목표부터 시작하면 무리하지 않는 선에서 할 수 있기 때문에 목표달성의 성공을 맛볼 수 있다. 목표를 달성하고 나면 무언가를 지속시킬 수 있는 동기부여의 양식이 된다. 그러니 특히 반복된 야근에 지쳐 있는 사람이라면 일단 오늘부터 퇴근시간을 30분씩 앞당기는 일부터 시작해보면 어떨까?

일 빨리 끝내는 포인트

목표를 세우면 일단 주변에 알려라.

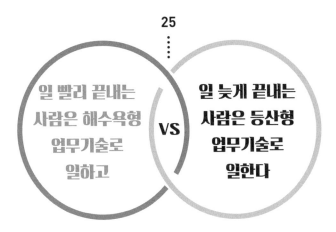

25

일 빨리 끝내는 사람은 해수욕형 업무기술로 일하고

VS

일 늦게 끝내는 사람은 등산형 업무기술로 일한다

지금부터 산을 오른다고 상상해보자. 산을 오를 때는 자신의 발로 한 발, 한 발 나아가야 한다. 정상에 가까워질수록 기온이 떨어져 방한복도 준비해야 하고, 물과 비상식량도 준비해야 한다. 그렇기에 산에 오르는 사람은 옷을 잔뜩 껴입고 커다란 배낭을 멘다. 많은 짐을 짊어지고 온전히 자신만의 힘으로 산에 오른다.

이렇듯 모든 짐을 자기 스스로 짊어지는 업무추진방식을 '등산형 업무기술'이라고 부른다. 등산형인 사람은 다른 사람에게 일을 맡기면 시간이 걸리고 질도 만족스럽지 않으니 '내가 직접 해야지'라고 생각한다.

팀을 짜서 후배와 같이 일할 때도 자신이 직접 세부적인 부분까지 확인하지 않는 한 성에 차지 않는다. 좋게 말하면 책임감이 강하다고 할 수 있지만, 업무시간은 점점 늘어만 가고 일은 하염없이 끝나지 않는다.

상사나 선배가 등산형인 경우 후배는 주체적으로 업무를 처리하지 못하고 지시 받은 일만 하게 된다. '시키니까 한다는 느낌'이 강해 '최소한의 일만 하면 되지 뭐'와 같은 상태에 빠져 절대 성장하지 못한다.

한편 일 빨리 끝내는 사람의 업무추진방식은 '해수욕형 업무기술'이다. 튜브를 타고 바닷물 위에 둥실둥실 떠 있을 때 파도의 힘을 잘 이용하면 쉽게 앞으로 나아갈 수 있다. 자신의 힘을 사용하지 않고 파도의 힘, 즉 주위 사람의 힘을 빌려서 일한다, 이것이 바로 해수욕형 업무기술이다.

바다에서 옷을 입은 채로 수영하는 사람은 없다. 움직임이 둔해져 위험하기 때문이다. 그래서 사람들은 수영복이나 잠수복 등과 같은 아주 간편한 옷을 입는다. 다시 말해 해수욕형 업무기술은 수영하기 전 옷을 벗어 내려놓듯 다른 사람에게 업무를 맡겨 자신의 업무시간을 줄이는 시간단축 업무기술이라 할 수 있다.

하지만 아무리 업무방식이 해수욕형이라 해도 후배나 어시스턴트에게 일을 맡길 때 불안해하는 사람이 있다. 그런 사람에게는 다음과 같은 방법을 추천한다.

1. 일정 부분만 맡긴다

예를 들어 업무 전체를 맡기기 불안한 상태라면 업무의 일부분만 맡긴다. 처음에는 6쪽짜리의 제안서 중 데이터를 정리하는 그래프 작성만 맡겨보거나 자기가 담당하는 업무 10건 중 그다지 난이도가 높지 않은 3건만 맡겨보는 식으로 시작하는 것이다. 이처럼 처음에는 작은 부분을 맡기고, 결과에 따라 서서히 범위를 넓혀간다.

2. 일을 맡기지 못하게 만드는 장애물을 제거한다

아무리 업무의 일부분만이라도 다른 사람에게 맡기는 것이 두렵다는 사람도 있다. 마음에 장애물이 있는 사람이다. 이런 사람은 자기가 처음 그 일을 맡았을 때 얼마나 잘할 수 있는 상태였는지 되돌아보도록 하자. 아마도 처음이었으니 완벽하게 할 수 있는 상태는 아니었을 것이다. 그럼에도 그 당시 상사나 선배는 분명 당신의 성장을 위해 일을 맡겼을 것이다. 일을 맡기는 것도 후배를 키우는 '업무 중 하나'라

122
123

고 생각하길 바란다.

　나아가 해수욕형 업무기술의 포인트는 '짐을 늘리지 않는' 것이다. 일을 하나 늘렸으면 하나는 줄여야 한다는 점에 유의하도록 하자.

일 빨리 끝내는 포인트

다른 사람의 힘을 빌려 일한다.

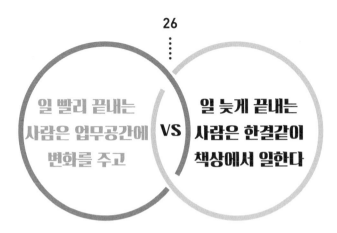

26

일 빨리 끝내는 사람은 업무공간에 변화를 주고 **VS** 일 늦게 끝내는 사람은 한결같이 책상에서 일한다

"파쇄기에 종이가 넘쳐나는데 좀 도와주지 않겠나?"

"복사기에 에러가 났는데 왜 그런지 알아?"

젊은 사원 M씨는 상사나 선배들이 끊임없이 말을 걸고 이런 저런 부탁을 해오는 바람에 일이 중단되기 일쑤다.

"미안한데 X사 계약서 원본 좀 가져다줄래?"

"곧 거래처 미팅할 건데 M군도 같이 가지?"

오늘도 Y사에 제출할 제안서를 작성해야 하는데 아침부터 전혀 집중할 수가 없다. 정신 차리고 보니 오후 6시. 야근을 할 수밖에 없다.

이렇듯 항상 일에 쫓기는 M씨는 항상 자신의 책상에서 일한다. 상사나 선배는 자기들이 바쁘면 눈앞에 있는 부하 직원이나 후배에게 도움을 받으려고 한다. 이때 부하직원이나 후배의 업무 사정까지 고려하지 않는 경우도 많다. 상사나 선배의 지시이니 거절하지 못하고 대응할 수밖에 없다고 생각하는 M씨는 그때그때 대응하지만, 사실 그중에는 우선도가 낮은 업무, 하지 않아도 되는 업무도 있다.

　또 이러한 대응으로 M씨가 받는 영향도 적지 않다. 도와주고 난 후 다시 자기 업무에 집중하던 상태로 돌아가는 데 걸리는 시간도 무시할 수 없다. 당연한 이야기겠지만, 본래 업무에 걸리는 시간이 늘어나 M씨의 업무시간은 점점 늘어날 수밖에 없다.

　반면 일처리가 빠른 N씨는 기획서 작성 등의 창조적인 업무 때문에 집중력이 필요할 때는 자기 책상에서 하지 않는다. "죄송하지만 1시간 동안 집중해서 일하고 싶어서요" 등과 같이 이야기하고 회의실에 틀어박힌다. 누구도 말을 걸지 못할 환경을 만들어낸다. 자신만의 '은신처'에 틀어박히는 것이다.

　'은신처에 틀어박히다니 사람들이 재수 없어 하지 않을까?'라고 생각할 수도 있다. 하지만 집중해서 일하면 소요

시간도 단축할 수 있고 질 또한 좋아진다. 상사나 선배들이 부탁한 일은 집중이 필요한 일을 끝내고 책상에 돌아갔을 때 대응하면 된다.

단, 은신처에 틀어박힐 때는 반드시 상사나 선배에게 미리 이야기해두도록 하자. 그러면 급하게 부탁할 일이 생겼을 때 연락이 되지 않아 폐를 끼칠 일도 없다.

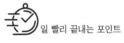
일 빨리 끝내는 포인트

집중하고 싶을 때는
책상을 벗어난다.

제

4

장

일 빨리 끝내는 사람의
고속승진의 비밀,
불리한 상황도 유리하게
만드는 보고의 법칙

27

일 빨리 끝내는 사람은 자신의 실패담을 이야기하고

VS

일 늦게 끝내는 사람은 자신의 성공담을 이야기한다

늘 자신의 성공담이나 자랑거리만 늘어놓는 사람이 있다. 자신의 실수나 실패에 대해서는 절대 이야기하지 않는다. 실수하거나 실패한 사실이 알려지면 자신에 대한 평가가 낮아진다고 생각하기 때문이다.

그 이면에는 일에 대한 자신감 없는 자신의 모습이 있다. '대단한 사람', '능력자'라는 평가를 받아 자신감 없음을 숨기려고 성공담이나 자랑거리만 늘어놓는 것이다.

하지만 그 누구도 성공담이나 자랑거리만 늘어놓는 상대방의 이야기를 듣고 싶어 하지 않는다. 자랑을 늘어놓기 시작하면 '아… 또 시작이네' 하며 귀를 기울이지 않는다. 또 자랑만 늘어놓는 사람이 말을 걸어오면 대화에 참여하는 순간 자랑 지옥에 빠지게 되니 적절한 거리를 두고 대하는 등 관계는 점점 멀어져간다. 결국 자랑만 늘어놓는 사람은 점점 업무에 도움이 되는 팁도, 회사생활에 필요한 정보도 얻기 어려워지게 된다.

일은 정보가 생명이기 때문에 이는 절대 좋은 상황이라 아니다. 또 앞장서서 도와주는 사람도 없기 때문에 혼자서 일을 다 떠안을 수밖에 없어 일이 언제까지고 끝나지 않는다.

한편 일 빨리 끝내는 사람은 자신의 실패담을 거침없이 이야기한다. '스스로 자신에 대한 평가를 떨어뜨려서 어쩌자는 거지?'라고 생각할지도 모른다. 하지만 오히려 반대다. 여기에는 다음과 같은 장점이 있다.

1. 친근감을 줄 수 있다

'○○씨도 그런 실패를 하는구나. 나랑 똑같네' 하며 친근감을 느끼고, '그래, 누구나 실수하는 거니까 나도 지금 이렇게 풀 죽어 있을 필요 없어' 하며 다시 분발할 수도 있다.

만약 당신이 리더 자리에 있거나 후배를 가르쳐야 하는 입장이라면 자신의 실패담을 이야기하는 효과는 더욱 클

것이다.

2. 다른 사람이 당신과 똑같은 실패를 되풀이하는 위험을 피할 수 있다

실패담을 이야기하면 '이렇게 하면 실패할 수도 있다'는 사실을 상대방에게 이해시킬 수 있다. 진지하게 말로 주의를 주는 것보다 훨씬 효과적이다.

당신이 만약 리더 자리에 있다면, 당신의 실패담을 공유하는 것만으로 실패 위험에 대해 팀원들이 주의를 기울이게 되고 이는 팀 전체 경험치를 올리는 효과로 이어진다.

또 내가 실패담을 공유하면 다른 사람도 자신의 실패담을 공유한다. 그 결과 팀 내부적으로 위험을 피할 수 있는 다양한 방법을 공유할 수 있다.

단, 아무리 실패를 스스로 드러낸다고 해도 너무 충격적이거나 인격이 의심될 만한 실패담은 이야기하지 않는 것이 좋다. 너무 과한 사례는 '이 사람 정말 괜찮은 거야?' 하는 불신감을 줄 우려가 있기 때문이다. 작은 실패 혹은 실패까지 가진 않았지만 등골이 서늘했던 경험 정도가 좋다.

미국의 허버트 윌리엄 하인리히 Herbert William Heinrich가 제창

한 산업재해 경험칙으로 '하인리히 법칙'이라는 것이 있다. 하나의 중대한 사고 뒤에는 스물아홉 가지 경미한 사고가 있고, 그 뒤에는 300개의 등골이 서늘해지는 현상이 있다는 것이다. 실제로 중대한 실수가 발생하기 전에는 수많은 징조가 있다.

등골이 서늘해지는 실패담 같은 경우 많은 사람이 경험하는 일이기도 해서 쉽게 공감을 이끌어낼 수 있다. 또 실패를 다른 사람에게 이야기하는 것과 같은 '실패와 더불어 살아가는 방법'은 인간관계의 거리를 좁혀주는 데도 매우 효과적인 방법이다.

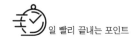
일 빨리 끝내는 포인트

리더일수록 자신의 실패담을 먼저 털어놓는다.

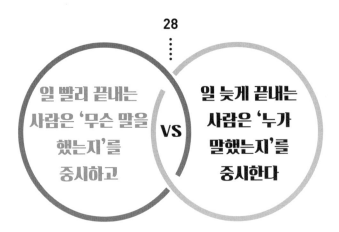

28

일 빨리 끝내는 사람은 '무슨 말을 했는지'를 중시하고 **VS** 일 늦게 끝내는 사람은 '누가 말했는지'를 중시한다

사람들은 정보를 받아들일 때 '무슨 말을 했는지'보다 '누가 말했는지'를 중시하는 경향이 있다.

예를 들어 W라는 건강보조식품이 있다고 치자. 말끔한 정장 차림의 중년남성이 "W는 건강에 나쁘니 그만 복용하는 편이 좋다"고 이야기했을 때와 찢어진 청바지 차림의 젊은이가 'W는 건강에 좋으니 많이 섭취하는 편이 좋다'고 이야기했을 때 당신은 어느 쪽을 믿겠는가? 아마도 말끔한 정장 차림의 중년남성 말을 믿을 것이다.

기업이 앞다투어 카리스마 넘치는 경영자나 인기 연예인

을 고액의 개런티를 지불해가며 광고모델로 기용하는 것 또한 '누가 말했는지'를 중시하는 사람이 얼마나 많은지를 잘 보여준다.

이는 업무에서도 마찬가지다. 어느 회사에나 의견이 잘 받아들여지는 사람이 있다. 자신의 의견에 대한 근거를 항상 확실히 제시하는 신뢰도 높은 사람들이 그렇다. 그 외에도 지위가 높은 임원진, 목소리 큰 자기주장이 강한 사람, 말을 잘하는 사람, 처세술이 뛰어난 사람 등도 의견이 잘 받아들여지는 사람에 해당된다. 하지만 문제는 '누가 말했는지'를 너무 중시하는 것은 위험하다는 것이다.

예전에 한 회사의 제품관리부에서 작업순서를 보다 효율적으로 변경하기 위한 회의가 열렸다. 현재의 순서를 그대로 유지하면서 일부분만 변경하는 내용의 A안과 순서를 대폭 바꾸는 내용의 B안을 놓고 검토하는 자리였다.

M과장은 베테랑 사원이 제안한 A안을 적극적으로 지지했다. 작업순서를 대폭 바꾸면 몇몇 사원은 익숙하지 않은 일을 해야 하는 데다 업무에 혼란이 발생할 수 있으니 A안이 더 낫다는 생각에서였다.

한편 B안은 젊은 계약사원인 H씨의 제안이었다. 일부 젊은 사원들이 "B안이 더 나은 것 같다"며 주뼛주뼛 의견을 내보기도 했지만, 결국은 '과장님이 그렇게 말씀하시니 A안이 더 타당하겠지' 하는 분위기가 되어 A안을 제품관리부장에게 제출하게 되었다.

회의 다음 날 제품관리부장이 M과장을 불러들였다.

"M과장 왜 A안을 선택한 거지? B안처럼 순서를 대폭 변경하면 작업시간을 25퍼센트나 줄일 수 있는 데다 손이 비는 사람도 생기는데. 그러면 손이 비는 사원들에게 오랫동안 우리의 현안이었던 업무를 맡길 수 있지 않겠나?"

제품관리부장은 A안, B안을 꼼꼼히 검토해보고 내용을 완벽히 숙지해놓은 것이다. 이에 M과장은 다음과 같이 대답할 수밖에 없었다.

"베테랑 사원이 제안한 A안이 더 타당하다고 생각했기 때문입니다. B안은 아직 어린 계약직 사원인 H씨가 내놓은 안이고…."

"M과장 누가 내놓은 안인지는 상관없네. 내용이 문제지!"

결국 M과장은 제품관리부장에게 호되게 질책을 당하고 말았다.

'누가 말했는지'에 너무 연연하다 보면 항상 같은 사람의 의견을 우선시하는 등 의견이 한쪽으로 치우쳐 올바른 판단을 내릴 수 없게 될 우려가 있다. 이 과정에서 판단을 그르치게 되면 다시 올바른 상태로 되돌리기 위해 쓸데없는 시간과 수고를 들여야 한다.

일 빨리 끝내는 사람은 '무슨 말을 했는지', 즉 발언의 내용을 중시한다. '이 사람은 경험이 부족해서 안 돼', '저 사람은 논리적이지 않아서 안 돼' 등과 같이 '누가 말했는가'로 이야기의 내용을 무시하지 않는다. 좋은 의견은 거침없이 받아들인다.

좋은 아이디어가 누구의 머릿속에 있는지는 아무도 모른다. 경험이나 나이, 성격과 반드시 연관된다고도 할 수 없다. 따라서 평소에 아무리 업무성과가 낮더라도 그 사람이 말한 내용이 좋으면 받아들일 수 있어야 한다. 이것이 업무효율을 향상시키고 시간을 단축시킬 수 있는 비결 중 하나다.

일 빨리 끝내는 포인트

**의견을 나눌 때는
이야기의 '내용'에 집중하자.**

29

일 빨리 끝내는 사람은 한숨 돌리고 보고하고 VS **일 늦게 끝내는 사람은 서둘러 보고한다**

일을 하다가 실수를 저질렀거나 나쁜 상황이 발생했을 때 '최대한 빨리' 상사에게 보고해야 한다. 그냥 방치해두면 상황이 더 악화될 수 있기 때문이다.

하지만 과연 나쁜 일이 생겼다고 해서 '서둘러' 보고하는 게 맞는지에 대해서는 한번 생각해볼 필요가 있다. '응? 지금 무슨 소리 하는 거야?'라고 생각하는 사람이 있을지도 모른다.

물론 '최대한 빨리' 보고해야 하지만, '서둘러' 보고할 필요는 없다. 일단 하고 보는 보고는 사실관계와 최소한의 정보밖에 준비되지 않아 정작 핵심 내용이 명확하지 않을 수 있기 때문이다.

특히 나쁜 상황에 대해 보고할 때는 마음만 조급해져 내용을 빠트리거나 사실과 의견이 혼동된 잘못된 정보를 전달하게 되는 경우도 많다. 그렇게 되면 보고를 받는 상사도 어떻게 대처해야 좋을지 제대로 된 판단을 내릴 수가 없다. 경우에 따라서는 부족한 정보 때문에 잘못 이해해 오히려 그릇된 판단을 내릴 수도 있다. 이래서야 '서둘러' 보고한 의미가 없다.

보고는 '빠르기'만 중요한 것이 아니다. 일처리가 빠른 사람은 어느 정도 정보가 모였을 때 '최대한 빨리', 제대로 보고한다.

나쁜 상황이 발생했다는 연락을 받으면 그 시점에서 수집할 수 있는 정보를 최대한 많이 모으고 확인해 상황을 정리한 후 상사에게 보고한다. 그러면 상사도 취합된 정보를 정리하면서 보고를 들을 수 있어 판단 속도가 빨라진다. 뿐만 아니라 잘못된 지시를 하게 될 확률이 줄어들어 빠르고, 정확하게 일을 처리할 수 있다.

상황을 보고하기 전에 수집해야 할 정보는 다음의 세 가지다.

1. 실수의 내용, 경위, 발생한 이유
2. 상사가 어떻게 움직여주면 좋을지(어떤 대책을 내놓으면 좋을지)
3. 최악의 경우 어떻게 되는지

이 세 가지의 내용을 '5W2H', 즉 'When(언제)', 'Where(어디서)', 'Who(누가)', 'Why(왜)', 'What(무엇을)', 'How(어떻게)', 'How much(얼마나)'로 정리한 후 보고하도록 하자.

가령 거래처 배송지를 잘못 적어 납품해야 할 상품이 기일 내에 배송되지 못하는 문제가 발생했다고 치자. 이 상황을 보고 하기 전에 다음과 같이 정리해보자.

1. 실수의 내용, 경위, 발생한 이유
   : 얼마 전 거래처에 납품해야 할 상품 1만 개를 확보했다. 그런데 배송지를 잘못 적고 말았다. 지금 창고에 있는 재고는 1만 개가 안 돼서 기일까지 약속한 개수를 보낼 수가 없다. 배송지 주소를 못 찾아 예전 명함에 있는 주소로 보냈다.
2. 상사가 어떻게 움직여주면 좋을지
   : 남은 재고를 최대한 빨리 거래처에 보낼 수 있도록

허가해주었으면 좋겠다. 큰 사고이므로 상사가 직접
거래처에 양해를 구해주면 좋겠다.

3. 최악의 경우 어떻게 되는지
   : 상품 1만 개 취소, 연 평균 3억 원 규모의 거래 해
   지, 회사 신용 하락

이렇게 간결하게 정리해서 보고하면 상사도 전체 상황을
빠르게 파악해 어떻게 대응하면 좋을지 판단할 수 있고, 고
객에 대한 대응도 빨라진다.

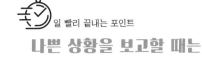
일 빨리 끝내는 포인트

나쁜 상황을 보고할 때는 '5W2H'로 정리해 보고한다.

30

일 빨리 끝내는 사람은 자기와 다른 사람을 확실히 구분하고 **VS** **일 늦게 끝내는 사람은 곤란에 처한 사람을 도우려고 한다**

K씨는 같은 부서 후배인 L씨가 최근에 항상 기분이 안 좋고 초조해하는 모습이 계속 신경 쓰였다. 다른 부서 직원이 업무상 말을 걸어도 귀찮다는 듯이 대응하고 표정도 항상 어두웠다. 혹시 맡고 있는 일이 너무 많은 것은 아닌지 걱정이 된 K씨는 "뭐 힘든 일 없어?", "도와줄 일 없어?" 하고 말을 걸어 보았지만 L씨는 "괜찮다"고만 했다.

선배로서 책임감을 느낀 K씨는 며칠 후 L씨에게 점심을 같이 먹자고 권유했다. 하지만 L씨는 "죄송한데 오후에 빨리 처리해야 할 일이 있어서 그냥 도시락으로 때울게요"라며 이 또한 거절해버렸다.

'어떻게 하면 L씨를 도울 수 있을까', '어떻게 하면 L씨가 힘내서 일할 수 있을까' 고민하던 K씨는 어느 날 L씨가 자리를 비운 사이에 그가 담당하는 클라이언트에게 보낼 문서를 대신 작성해 책상 위에 놓아두었다.

회사에 돌아와 문서를 본 L씨는 감사는커녕 오히려 K씨에게 불만을 터트렸다.

"이게 뭔가요? 쓸데없는 일 하지 말아 주세요!"

좋은 뜻에서, L씨가 조금이라도 편해졌으면 하는 마음에 2시간이나 투자해서 작성했는데 감사는커녕 화를 내다니…. K씨는 2시간을 그냥 버렸다는 생각에 완전히 우울해지고 말았다.

그런 K씨를 보다 못한 상사가 L씨는 지금 사적인 문제 때문에 힘들어하는 거라고 넌지시 가르쳐주었다. L씨의 행동이 이상했던 이유는 업무문제가 아니었던 것이다. 결국 K씨가 좋은 뜻에서 한 행동이 L씨에게는 쓸데없는 참견이었던 셈이다.

그렇다면 직장에서 힘들어 보이는 사람이 있을 때는 어떻게 대처하면 좋을까? K씨처럼 '무언가 도와주어야 한다'는 생각에 이리저리 궁리하다 불쑥 끼어드는 행동은 상대방 입장에서 보면 성가신 '참견'이 될 수도 있어 이는 해결책이 되지 못한다.

좋은 뜻에서 건넨 선의일지라도 자기 혼자만의 생각으로 판단해 행동하는 것은 때때로 상대방을 불쾌하게 만들기도 한다. 또 힘들어하는 사람을 위해주느라 정작 자신의 중요한 업무시간을 자꾸자꾸 까먹다 보면 업무는 계속 쌓여만 간다. 그러다 정신을 차리고 나면 그제서야 자기 자신이 곤란한 처지에 빠져있음을 깨닫게 된다.

일 빨리 끝내는 사람은 직장이나 대인관계에서 문제가 발생하면 '이것은 도대체 누구의 문제인가?', '이 문제의 최종적 책임은 누구에게 있는가?' 등과 같이 '자신의 문제'와 '상대방의 문제'를 나누어 생각해본 후에 행동한다.

이를 '분리형 사고'라고 부른다. 문제 상황에 분리형 사고를 적용하면 상대방이 기분 나빠하고 초조해하는 것은 상대방의 문제이지 자신의 문제가 아니라는 사실을 깨닫게 된다.

반면 다음의 다섯 가지는 '자신의 문제'에 해당된다.

- 고객에게 보낼 제안서를 작성하는 데 시간이 너무 많이 걸린다.
- 이번 주에 약속을 너무 많이 잡은 탓에 작업할 시간을

확보하지 못했다.

- 상사가 부탁한 예산계획서 제출기한을 넘기고 말았다.
- 점심시간 후에는 졸음 때문에 작업 속도가 느려진다.
- 발주서를 잘못 작성해 불량품이 발생했다.

L씨가 초조해하는 것은 L씨의 문제고, 다른 사람은 그 문제의 원인을 알 수 없다. 가령 과다한 업무가 초조함의 원인이라 할지라도 그 또한 L씨의 문제다. L씨가 바쁜 순간을 극복해낸다면 오히려 크게 성장할 수 있을지도 모른다.

그럼에도 자기와 가까운 사람이 기분이 안 좋거나 다운돼 있으면 자기 책임이라고 생각하는 사람들이 많다. 특히 상대방이 상사나 선배라면 더욱 그렇다. 하지만 기억하자. 상대로부터 고민상담이나 업무부탁을 받은 게 아니라면 상대방의 기분이나 상태는 그 사람의 문제다. 자기 자신과는 분리하도록 하자.

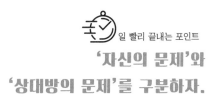

일 빨리 끝내는 포인트

**'자신의 문제'와
'상대방의 문제'를 구분하자.**

일 빨리 끝내는 사람은 잡담을 즐길 줄 알고 **VS** 일 늦게 끝내는 사람은 잡담을 시간낭비라 생각한다

업무 중에는 집중을 방해하는 잡담은 절대 하면 안 된다고 생각하는 사람이 많다. 하지만 잡담 없이 회의 자리에서만 정보교환을 한다면 형식적인 이야기밖에 나오지 않는다. 이상한 소리 하면 안 된다는 생각에 표면적인 말밖에 안 하게 된다. 그러나 표면적인 정보만으로는 사물의 얕은 면밖에 보지 못해 잘못된 판단의 원인이 되기도 한다.

나 또한 조직에 몸담고 있을 때는 매일매일 회의에 참석했다. 하지만 돌이켜 생각해보면 어깨의 힘을 뺀 잡담에서 반짝이는 아이디어가 가장 많이 나왔던 것 같다. 가령 '그

럼 이렇게 해보는 건 어떨까?' 등과 같이 가벼운 이야기라도 아이디어의 씨앗이 되기도 하고, 종종 교착상태에 빠진 회의 공기를 바꾸어주기도 한다. 그러다 보니 자연스레 잡담을 소중하게 여기는 사람에게 정보가 많이 모인다. 그리고 여기서 아이디어의 씨앗을 얻고 답을 찾아낼 수 있다.

뿐만 아니라 같이 일하는 동료가 지금 어떤 일로 힘들어하는지, 어떤 시간대가 바쁘고, 어떤 시간대가 비교적 여유로운지 직원들의 정보도 잡담을 통해 어렴풋이 파악할 수 있다. 그러면 상대방이 편한 시간대에 일을 부탁할 수 있어 일처리가 빨라진다. 또 힘들어하는 일이 있으면 도와주고, 반대로 도움을 받을 수도 있는 좋은 관계를 맺을 수 있다.

평소에 이런 저런 이야기를 나누며 인간관계를 잘 쌓아온 사람이 부탁한 일은 아무래도 우선시하기 마련이며, 반면 제대로 이야기를 나눠본 적 없는 사람이 부탁한 일은 뒤로 미루고 '최소한만 해주면 되지 뭐'라고 생각하는 것 또한 보통 사람들의 습성이다. 이것만으로도 짧은 잡담을 통해 직접 이야기를 나누는 것이 얼마나 중요한지 잘 알 수 있다.

참고로 전단지를 넣는 작업과 같이 단순작업도 잡담을 나누며 하는 편이 속도가 빨라진다. 싸늘한 분위기보다 이야기를 나누며 작업하는 편이 리듬감 있게 일할 수 있어 진도가 빨라지는 것이다.

잡담을 금지하면 앞에서 이야기한 것 이외에도 폐해가 있다. 전화보다 메일이나 SNS로 연락을 주고받는 일이 많아진 요즘 하루 종일 전화벨이 거의 한 번도 울리지 않는 직장도 있다. 언젠가 전화벨이 전혀 울리지 않는 사무실을 찾아간 적이 있었는데 분위기가 정말 썰렁했다.

분위기가 너무 조용하다 보니 업무와 관련된 질문을 하고 싶어도 다른 사람에게 모두 들려 눈에 띄고 만다. 이런 분위기에서는 특히 소심한 사람은 좀처럼 입을 떼기가 어렵다. '선배님한테 확인 좀 받고 싶은데…' 하는 마음이 있어도 주위 사람들이 신경 쓰여 결국 아무 말 못하고 혼자 처리하려 한다. 그러다 실수하고 틀려서 처음부터 다시 해야 하는 경우도 많다. 또 싸늘한 느낌의 직장은 분위기도 무거워지기 쉬워 심리적으로 힘들어하는 사람이 적지 않다고 한다.

어느 정도 잡담이 가능한 직장에서는 사소한 상담도 부담 없이 할 수 있다. 그러니 혼자 문제를 끌어안고 끙끙 앓지 않아도 돼 심리적인 문제가 생기지도 않는다. 또 아무 상관없는 이야기를 이래저래 하다 보면 수직적이거나 경직된 분위기가 없어져 후배 직원의 사기를 계속 유지시켜줄 수도 있다. 이러한 분위기가 지속된다면 잡담으로 젊은 사원들의 이직률까지 줄여주는 효과를 볼 수 있다.

"잡담이 많으면 집중하기 어렵다." 물론 이 또한 일리 있는 말이다. 하지만 그것 이상으로 잡담의 효용은 크다. 잡담 때문에 집중할 수 없다면 "지금은 집중해서 일하고 싶으니까 말 걸지 말아줘"라고 솔직하게 이야기하면 된다.

잡담은 보기에는 쓸데없고 비효율적으로 보이지만 사실 업무가 순조롭게 돌아갈 수 있도록 도와주는 윤활유 역할을 한다는 점을 기억하자.

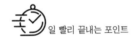

일 빨리 끝내는 포인트

업무에 도움이 되는 정보는 잡담에서 나온다.

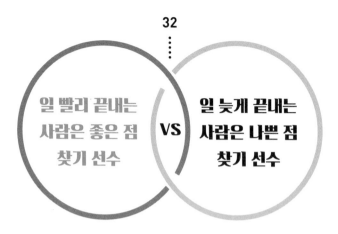

E씨는 업무실적이 좋고 일도 아주 잘한다. 그런데 회사 내 어시스턴트나 다른 부서 사람에 대한 불만을 자주 입에 담곤 한다.

"○○씨가 작성해오는 기획서는 너무 뻔해."
"○○씨의 말은 이해하기가 어려워."
"○○씨는 새로운 일에 도전할 생각을 안 해."

일 잘하는 E씨 입장에서 보니 다른 사람의 부족한 점이

제4장 일 빨리 끝내는 사람의 고속승진의 비밀, 불리한 상황도 유리하게 만드는 보고의 법칙

계속 눈에 들어오는 것이다. 하지만 그런 말을 듣는 사람은 견디기 힘든 노릇이다. E씨에게 불평불만을 들은 직원은 E씨에게 화가 나 있는 상태이기 때문에 E씨가 무언가 일을 부탁해도 항상 뒷전으로 미룬다. 또 부탁을 들어준다고 해도 최소한으로만 대응하고 싶은 마음에 업무요청을 날림으로 해주게 되고, 결국 E씨가 다시 해야만 하는 상황이 종종 발생해 간단히 끝낼 일에도 상당히 많은 시간을 빼앗기게 된다. 그 결과 E씨는 아무리 일을 해도 끝이 보이지 않는 상태에 빠지고 만다.

한편 일처리가 아주 빠른 F씨는 항상 상대방의 좋은 점을 찾아내어 이야기해준다. 칭찬받아 기쁘지 않은 사람은 없다. 덕분에 F씨는 일로 만나는 사람들과 늘 좋은 인간관계를 맺고 일도 순조롭게 진행시킬 수 있었다.

그러나 대부분의 사람은 상대방의 나쁜 점에 먼저 눈이 가기 쉽다. '다른 사람의 좋은 점을 찾아내는 건 너무 어려워', '회사에 괜찮은 사람이 있어야 말이지'라고 생각하는 사람도 있을 것이다. 하지만 나쁜 점과 좋은 점은 동전의 양면이다.

생각나는 대로 이야기하는 사람이 있다면, 그는 창의력이 풍부한 사람일 수 있다. 또 새로운 일에 도전할 생각을 하지 않는 사람은 신중한 성격일 수 있다. 말이 없는 사람은 남의 이야기를 잘 들어준다는 장점을 갖고 있기도 하다.

이렇게 관점을 바꾸면 나쁜 점을 좋은 점으로 바꿔 생각할 수 있다. 이와 같이 단점을 장점으로 바꾸는 것을 심리학 용어로 '리프레이밍(reframing, 관점 바꾸기)'이라고 한다. 사고방식이나 생각의 틀을 바꾸는 방법이다. 마음에 안 드는 그림이라도 액자의 테두리를 바꾸는 것만으로도 분위기가 확 살아나는 것처럼, 리프레이밍은 부정적으로만 느껴지던 사건이나 상황을 새롭게 느끼게 해주어 늘 스트레스였던 사람이나 상황에 보다 현명하게 대처할 수 있게 한다.

물론 리프레이밍이 어려울 때도 있다. 리프레이밍으로도 찾아낼 수 없을 때는 의도적으로라도 상대방의 다른 강점을 하나씩 찾아내 적어보자.

만약 업무와 관련된 강점을 찾을 수 없다면 "아침마다 기분 좋게 인사한다", "옷 입는 센스가 좋다", "늘 에너지가 넘친다"와 같은 칭찬도 좋다.

여기서 중요한 팁이 하나 있다. 칭찬하는 말은 제3자를 통해 전달하는 편이 훨씬 효과적이다. 칭찬받은 사람은 제3자를 통해 자신을 칭찬하는 말을 전해 들으면 '그 사람이 그런 말도 했어?' 하며 더 기쁘게 받아들인다. 그냥 사탕발

림이 아니라 정말 그렇게 생각하기 때문에 제3자에게도 말했을 것이라고 생각하기 때문이다.

예전에 일하던 직장에 말이 없고 인사도 제대로 하지 않는 사람이 있었다. 주위 사람들 모두 그를 대하기 어려워했다. 하지만 나는 일부러 그의 좋은 점을 제3자에게 이야기했다. 그러자 어느 순간부터 그 사람이 웃는 얼굴로 인사하기 시작했다. 그뿐 아니라 좀 까다로운 일을 부탁해도 늘 기분 좋게 처리해주었다.

사람은 자신을 칭찬해준 상대방에게 호감을 느끼고 일도 빨리 처리해준다. 때로는 상대방을 기쁘게 해주고 싶은 마음에 무리해서 일을 처리하기도 한다. 좋은 인간관계를 구축하는 것은 업무를 잘 돌아가게 만들어주는 비결이기도 하다.

일 빨리 끝내는 포인트

**칭찬은 '제3자'를
통해 전달한다.**

33

일 빨리 끝내는 사람은 배려를 우선시하고 **VS** **일 늦게 끝내는 사람은 효율을 우선시한다**

I씨는 일을 얼마나 효율적으로 진행시킬 수 있느냐를 중시하며 일하는 유형이다. 그렇다 보니 회사 안팎을 가리지 않고 일을 부탁할 때는 항상 메일로 의뢰한다. 메일은 언제든 보낼 수 있고, 상대방도 편한 시간에 확인할 수 있어 시간을 빼앗지 않을 수 있는 편리한 도구라고 생각하기 때문이다. 또 기록이 남기 때문에 다시 찾아볼 수 있고, 기록은 곧 증거가 되기 때문에 나중에 '이야기했다, 안했다' 등과 같은 트러블을 피할 수 있어 상대방에게도, 자신에게도 좋은 방법이라고 판단한 것이다.

그런 I씨는 더 효율적으로 일해 볼 요량으로 과거에 보낸 메일 문서를 정리해 양식을 만들고, 필요할 때마다 약간만 수정해 사용할 수 있도록 정비해뒀다. 일일이 생각하면서 메일을 작성하는 것보다 훨씬 시간도, 수고도 덜 들어 시간을 크게 단축할 수 있으리라 판단한 것이다.

하지만 I씨의 예상은 빗나갔고, 그의 업무시간은 점점 더 늘어만 갔다. 상대방에게 I씨가 요구하는 사항이 제대로 전달되지 않아 그가 요구한 것과는 전혀 다른 결과물을 보내오는 사태가 빈발했다. 메일을 다시 주고받아 봤지만, 결국 I씨가 처음부터 직접 서류를 다시 작성해야 하는 지경에 이르러 시간을 빼앗기는 일이 몇 번이나 발생했다. 도대체 왜 이렇게 된 것일까?

I씨의 메일을 훑어보니 문장이 명령조로 다소 딱딱하다는 느낌이 들었다. 메일을 받는 사람 입장에서 보면 기분이 상해도 전혀 이상할 것 없는 부분도 있었다.

어쩌면 이 메일로 인해 상대방은 I씨의 의뢰를 '기꺼이!' 받아줄 마음이 생기지 않았을지도 모른다. 경우에 따라서는 싫어도 어쩔 수 없이 받아들이긴 했지만 I씨의 일을 뒤로 미루어 놓았을지도 모른다.

이러한 미스 커뮤니케이션은 사실 자주 발생한다. 비즈

니스 메일은 기본적으로 텍스트 문자만으로 주고받는다. 글자로 일일이 쓰지 않는 한 발신자의 정보나 환경은 상대방에게 전달되지 않는다. 때문에 메일 속 말투나 단어 선택 등을 통해 상대방의 인상이 결정된다.

I씨는 효율적인 업무구조를 만드는 데는 성공했다. 하지만 상대방과 신뢰관계를 쌓을 기회가 없었기 때문에 의사소통을 제대로 할 수 없었고, 상대방을 이해시킬 수도 없었던 것이다.

반면 I씨의 동료 J씨는 정기적으로 상대방과 얼굴을 마주하고 미팅을 한다. 처음에는 J씨도 메일에 의존하며 일을 했다. 하지만 메일 작성이 서툴러 몇 번이고 연락을 주고받아야 하는 상대나 다소 수고스러운 일을 의뢰해야 할 상대와는 되도록 얼굴을 마주하고 이야기했다. 너무 멀어 직접 만날 수 없을 때는 적어도 한 번은 전화를 걸어 전화통화로라도 이야기를 나누기 위해 노력했다. 또 글로 설명하기가 애매할 때 역시 바로 전화를 걸어 직접 이야기를 전했다. 그러자 연락을 주고받는 데 소요되는 시간이 예전보다 훨씬 줄어들었다.

직접 대화를 나누다 보니 상대방과의 사이에 신뢰관계가 생겨나고, 서로의 마음도 공유할 수 있어 서로 배려해가며 일을 진행시킬 수 있었다. 덕분에 일도 순조롭게 진행되었다.

의사소통에서의 문제가 없어지니 일을 다시 해야 하는 일도 없어졌다. 하물며 J씨가 직접 다시 손봐야 하는 일 따위는 거의 발생하지 않았다. 분명 효율을 포기했는데 결과적으로는 일처리가 훨씬 빨라진 셈이다.

참고로 J씨는 출장에서 돌아올 때면 항상 일을 의뢰하는 부서에 선물용 과자를 들고 가 각 멤버에게 "항상 감사하다"는 말과 함께 손수 건네곤 한다. 이 또한 J씨가 다소 무리한 요구를 해도 원만하게 일이 해결되는 이유 중 하나다.

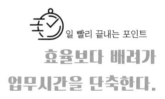

일 빨리 끝내는 포인트

효율보다 배려가
업무시간을 단축한다.

34

일 빨리 끝내는 사람은 '미움 받아도 괜찮아' 정신으로

VS

일 늦게 끝내는 사람은 '미움 받기 싫어' 정신으로 움직인다

다른 회사에서 막 이직해온 A씨. 다니던 회사가 도산하는 바람에 의도치 않은 이직활동을 해야만 했다. 그때 너무 힘든 경험을 했던 탓인지 '두 번 다시는 이직 활동을 하고 싶지 않다'는 마음이 컸다. 또 마음속에 항상 '누구한테도 미움 받고 싶지 않아. 그러려면 최대한 다른 사람에게 도움이 될 수 있도록 노력하자'라는 생각이 있었다.

A씨의 주된 업무는 영업사원이 의뢰한 제안서나 견적서를 작성하는 일이었다. 영업사원에게 의뢰서를 받으면 3일 후 아침까지 기획서를 작성하는 것이 기본 원칙이었다. 하

지만 "큰 고객이고 급한 건이니 빨리 좀 작성해줘"라며 같이 원칙을 벗어난 의뢰를 해오는 영업사원이 종종 있었다.

이는 원칙을 위반하는 일이기 때문에 애초에 이런 의뢰 자체가 있어서는 안 된다. 하지만 A씨는 거절했다가 괜히 미움을 받게 될까 두려워 '내가 빨리 작성해서 영업소 매출 수치가 오르면 좋은 거지 뭐' 하며 무리한 납기에도 매번 대응해주었다.

이를 지켜보던 같은 부서 선배인 B씨와 상사인 C과장에게 "웬만한 일이 아니면 절대 받아주면 안 돼", "거절할 줄도 알아야지" 등과 같이 몇 번인가 주의를 받기도 했다. 하지만 의뢰를 받으면 결국 거절하지 못하고 때때로 밤늦은 시간까지 잔업을 해서 무리하게 업무를 처리해주었다.

그러던 어느 날 영업부와 A씨의 부서가 함께 회식자리를 갖게 되었다. A씨는 그 자리에서 영업부 직원에게 "A씨한테는 정말 많은 도움을 받았어. 우리끼리니까 하는 말이지만, 가장 의지가 돼"라는 감사의 인사말을 들었다. A씨는 '그래, 일을 받아주길 잘했네. 날 필요로 해주다니 너무 기뻐. 원칙 따위 상관없어. 최대한 매출에 기여하는 게 내 일이지' 하는 마음이 더욱 강해져 지금까지 했던 것 이상으로 영업사원의 기대에 부응하기 위해 노력했다.

그러자 A씨에게만 의뢰가 쇄도하기 시작했다. 밤늦게까지 잔업을 하는 A씨를 본 C과장이 다시 한 번 "너무 무리한 납기에는 대응하지 않아도 돼"라고 주의를 주었지만 귀담아듣지 않았다. "B씨나 D씨에게 일을 좀 나눠주면 어때?"라는 충고도 들었지만 A씨는 바뀌지 않았다. B씨나 D씨의 일이 적은 이유는 두 사람이 바쁘게 일하는 것을 싫어해서라는 사실을, 또 일부 영업사원들이 B씨나 D씨에게 일을 부탁하기를 꺼려한다는 사실을 잘 알고 있었기 때문이다.

'두 사람에게 일을 나누어주었다가 B씨나 D씨, 거기에 영업사원들한테까지 미움 받으면 곤란해'라고 생각한 A씨는 결국 매일매일 막차가 끊길 때까지, 때로는 회사에서 밤을 새가며 계속 일을 처리해나갔다. 예상 가능한 일이겠지만 피로가 쌓이다 보니 어쩔 수 없이 실수가 발생했고, 그 실수를 수정하기 위한 시간도 필요해져 해도 해도 일이 끝나지 않는 악순환에 빠지고 말았다.

한편 B씨는 남에게 미움 받는 것을 두려워하지 않는다. 영업사원들이 무리한 납기를 요구해오면 '납기를 당겨야만 하는 이유', '우선도', '추정수주금액' 등을 확인해 웬만한 일이 아닌 한 기본 원칙에 따라 대응했다. 하지만 정말 중요한 건을 맡게 되면 상당히 질 높은 매력적인 제안서를 작성해 잘 나가는 영업사원들에게 높은 평가를 받았다. 본인은 '미움 받아도 괜찮아'라고 생각했지만 결국 미움 받지 않았다.

사실 B씨는 매일 정시에 회사를 나서면 더 매력적인 제안서를 작성할 수 있도록 업무 관련 학원에 다니며 프레젠테이션이나 커뮤니케이션에 대해 공부하고 있었다.

업무의 질을 높이면 자연스럽게 신뢰는 따라온다. 미움 받기 싫은 마음에 불필요한 에너지를 낭비하기보다는 그 시간을 업무기술 향상을 위한 배움의 시간으로 활용하도록 하자.

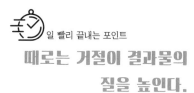

일 빨리 끝내는 포인트

**때로는 거절이 결과물의
질을 높인다.**

35

일 빨리 끝내는 사람은 아랫사람 에게도 배우고 **VS** **일 늦게 끝내는 사람은 윗사람 에게만 배운다**

유독 상하관계에 집착하는 사람이 있다. 이런 사람은 상사 나 선배에게는 배우려고 하지만, 부하직원이나 후배에게는 배우려고 하지 않는다. 자존심이 강해 '부하직원이나 후배 에게 배우다니 꼴불견이야'라고 생각하기 때문이다. 이들 은 윗사람에게는 순종하지만, 아랫사람에게는 잘난 척 행 동한다. 더욱이 자기 자리를 위협할 것 같은 부하직원이나 후배가 있으면 공격적으로 대하기도 한다.

하지만 지금은 IT 기술의 발달로 우리가 상상하지 못할 정도로 빠른 속도의 변화가 매일 일어나고 있다. 스마트폰

같은 경우 새로운 기종이 끊임없이 등장하고, 업무에 활용할 수 있는 새롭고 편리한 애플리케이션도 매일매일 개발된다. 이렇게 새로 등장한 프로그램이나 기기는 당연히 어렸을 때부터 접하며 자라온 젊은 세대가 더 잘 안다. 그들은 자유자재로 업무에 활용하는 고급 스킬도 갖추고 있다.

'부하직원이나 후배에게 배우다니 꼴불견이야'라고 생각하는 사람도 머릿속으로는 분명 알고 있다. 하지만 고집 때문에 절대 그들에게 배우려고 하지 않는다. 컴퓨터에 이상이 생기면 그때만 "○○씨, 이것 좀 고쳐줘" 하며 부탁한다. 그렇기 때문에 이런 사람들은 아무리 시간이 흘러도 새로운 기술을 습득하지 못하고 결국 뒤처지고 만다.

이는 비단 기술적인 이야기에만 한정되지 않는다. 예를 들어 젊은 세대에서 유행하는 것은 젊은 사람들에게 배우지 않으면 알 수 없다. "신문이나 인터넷을 통해 다 파악하고 있어"라고 말하는 사람이 있을지도 모른다. 하지만 그 정보가 반드시 맞으리란 법은 없다. 표면적인 2차 정보(1차 정보란 자신의 눈으로 직접 보고 체험한 정보, 2차 정보란 다른 사람에게서 들은 정보를 뜻한다 – 옮긴이)일 가능성도 있다. 그러니 1차 정보는 직접 경험한 젊은 세대에게 물어서 배우는 수밖에 없다.

당신이 만약 인사부 직원이라서 20대 직원을 채용해야 한다면 '지금 20대들은 어떤 기준으로 회사를 선택하는지', 당신이 기획 관련 업무를 담당하고 있다면 '요즘 20대, 30대들이 좋아하는 기획이나 테마는 무엇인지'에 대해 젊은 세대의 직원에게 상담해보는 것이 당신의 업무에 큰 도움이 된다.

'괜히 상담 받았다가 바보 취급당하는 거 아니야?' 하며 불안해하는 사람이 있을지도 모른다. 하지만 사실은 그 반대. 오히려 그들은 '선배가 나한테 의지해주다니 더 열심히 해야지', '인정받은 기분이야' 등과 같은 인정욕구가 채워져 확실한 동기부여가 된다.

질문을 한 당신에게도 '나를 인정해준 사람'이라고 호감을 느껴 이후 당신이 무언가 부탁했을 때 전력을 다해 움직여줄 터이다.

반대로 자신을 인정해주지 않는 상사나 선배가 무언가 부탁하면 시켜서 한다는 느낌으로 움직이기 때문에 일을 시작하는 것도 느리고 습득하려고도 하지 않는다. 따라서 성장 속도도 느려진다. 이래서야 아무리 시간이 흘러도 부하직원이 홀로 서지 못하고, 결국 그를 지도하는 데 시간을 계속 빼앗기게 될 뿐이다.

부하직원이나 후배에게 배우려고 하는 사람은 젊은이들의 지견知見을 접할 수 있다. 또 요즘에는 자기보다 나이 많은 사람을 부하직원으로 두는 일도 드물지 않다. 자기보다 나이 많은 부하직원은 사회인으로서, 한 인간으로서 많은 경험을 쌓아온 사람이다. 그 세대이기에 알 수 있는 일도 있어 연장자만이 지닐 수 있는 지견을 얻을 수도 있다.

부하직원이나 후배를 '같이 일하는 파트너'로 생각하고 대등한 관계로 받아들인다면 서로 잘하는 분야, 못하는 분야를 보완할 수 있는 견고한 한 팀이 되어 다양한 일에 도전해나갈 수 있다. 즉, 잘하는 분야가 늘어나기 때문에 업무속도도 빨라진다.

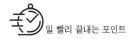 일 빨리 끝내는 포인트

**후배에게 도움을 요청하면
무한대의 정보를 얻을 수 있다.**

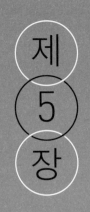

제

5

장

일 빨리 끝내는 사람이
직접 체득한
회사 스트레스에서
해방되는 7가지 방법

▶ ▶ ▶

일 빨리 끝내는 사람은 항상 객관적이고 **VS** **일 늦게 끝내는 사람은 항상 주관적이다**

대부분의 사람은 감정을 겉으로 드러내는 일은 좋지 않다고 생각한다. 그렇기 때문에 일하면서 불쾌한 일이 있어도, 불합리한 일을 겪어도 화를 내면 안 된다고 생각해 자신의 감정을 통제한다. 화가 나도 마음속으로 꾹꾹 눌러가며 겉으로 드러나지 않도록 가둬둔다. 얼굴은 생글생글, 속은 부글부글 끓는 셈이다.

하지만 우리는 모두 감정의 동물이다. 그중에서도 '분노'는 인간에게 꼭 필요한 감정이다. 태곳적 야생동물의 습격을 받았을 때 인간이 살아남기 위해 취한 행동은 '싸우느냐, '도망치느냐' 중 하나였다. 이때 힘을 발휘한 것이 바로 분노의 감정이다. 분노는 우리의 방어이자 생존본능과 밀접한 관련이 있는 감정이다.

현대사회에서도 분노는 일을 성취하는 데 큰 힘이 되고, 자신을 더 높이 성장시키는 에너지가 되곤 한다.

예를 들어 영업실적 1위를 기록해 MVP가 되겠다는 목표를 세웠는데 안타깝게도 올해 4위를 기록하고 말았다. 이 분한 마음을 잊어버리기 전에 설욕을 위해 내년도 계획을 세운다. 분함(분노)을 더 발전할 수 있는 원동력을 삼는 것이다.

이처럼 분노의 감정을 긍정적인 방향, 건설적인 방향으로 이용하는 것은 매우 바람직하다. 하지만 정도를 벗어난 격한 분노로 상대방을 상처주거나 신랄한 말을 던져 큰 싸움이 되는 일은 절대 바람직하지 못하다.

한편 분노의 감정은 부정적인 방향으로도 작용한다. 겉으로는 평온해 보여도 분노의 감정이 사라지지 않는 경우도 있기 때문이다. 일을 순조롭게 해나가기 위해서는 감정과 잘 지내는 것이 중요하다. E씨의 사례를 한번 보자.

E씨는 회사에서 견적서 작성 업무를 담당한다. 일처리가 빠르고 정확해 주위 사람들에게도 신뢰를 받는다. 그런데

지난달에 부서원 한 명이 퇴사하고, 이번 달에는 또 다른 한 명이 병가를 쓰게 돼 네 명이 담당하던 업무를 두 명이서 담당하게 되었다. 매일매일 밤늦은 시간까지 잔업이 계속되었다. 체력적으로도 힘들어서 최근 삶의 낙이었던 영어회화학원에도 갈 수 없었다. 짜증스러운 마음이 커져가던 그때 영업사원 F씨가 지나가며 "그때 부탁한 문서 왜 아직도 안 줘요?"라는 말을 듣자 그 순간 분노가 정점에 달하고 말았다.

E씨는 참다 못 해 상사에게 말을 꺼내보기로 결심했다. 이때, 상대방에게 꺼내기 힘든 말을 할 때 활용할 수 있는 방법으로 'DESC법'이라는 것이 있다.

1. D(Describe, 묘사) : 현재 상황을 전달한다.

2. E(Explain, 설명) : 자신의 기분을 상대방에게 설명한다.

3. S(Specify, 제안) : 상대방에게 자신이 바라는 해결책을 제안한다.

4. C(Choose, 선택) : 상대방이 동의했을 때와 동의하지 않았을 때 어떻게 할지 선택지를 생각해둔다.

세미나에서 이 방법을 배웠던 E씨는 분노를 터트리지 않고 상사에게 상황을 개선시킬 수 있는 방법을 아래와 같이 제안할 수 있었다.

1. D: 원래 4인 체제로 하던 일을 지금은 그 절반인 두 명이 담당하고 있다.
2. E: 매일 밤늦게까지 잔업을 해도 기일에 맞추기 어려운 상황이다. 체력도 한계에 달했다.
3. S: 인원을 한 명 더 배치해줄 수는 없나?
4. C: (YES의 경우) 이번 달 말까지 배정해주길 바란다. (NO의 경우) 지금까지처럼 오후 5시까지 견적서 작성을 의뢰받으면 2일 후 12시까지 완료하기는 힘들다. 한 달 동안만 3일 후 12시까지로 기한을 늘려줄 수는 없는가?

E씨의 제안을 받은 상사는 "인원 보충을 고려하고는 있지만 지금 당장은 어렵다"며 일단은 두 달 동안 견적서 작성 기한을 늘려주겠다고 했다. E씨의 제안은 1개월이었는데 2개월로 늘어난 것이다.

그저 화를 참지 못 해 강하게 자기주장만 늘어놓고 상대방, 즉 상사를 존중하지 않는 화법을 썼더라면 기분만 상하게 해 아무런 제안도 받아들여지지 않았을지도 모른다.

사실 E씨는 2년 전에도 인원이 줄어 상사에게 인원보충을 요청했던 적이 있었다. 그 당시 DESC법을 몰랐던 E씨는 "저희 부서에 인원 한 명 더 배치해주실 수 없나요?" 하며 아무 설명 없이 원하는 용건만 간단히 전달했다.

그때 상사는 E씨의 요청을 검토하기는커녕 "자기주장만 늘어놓는군. 업무방식이 잘못된 거 아닌가? 좀 더 효율적으로 일해보려는 노력이 부족한 건 아닌가?"라며 요청을 거부해버렸다.

상대방이 자신의 상황을 이해해주기를 바란다면 주관성뿐만 아니라 객관성도 필요하다. DESC법은 자기주장만 늘어놓는 것이 아니라 객관성과 주관성을 활용해 배려하는 마음을 바탕으로 원하는 바를 효과적으로 전달하는 방법이다.

처음에 '4인 체제가 지금은 2인 체제가 되어 버렸다'는 객관적 사실을 전달함으로써 상사도 받아들일 마음의 준비가 되어 냉정하게 판단할 수 있었던 것이다.

일 빨리 끝내는 포인트

요구사항을 전할 때는 DESC법으로 요청하라.

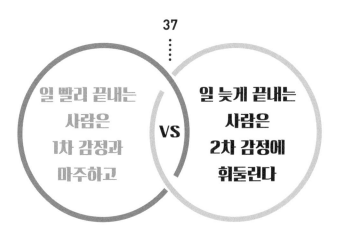

37

일 빨리 끝내는 사람은 1차 감정과 마주하고 VS 일 늦게 끝내는 사람은 2차 감정에 휘둘린다

'도대체 왜 기한 안에 못 끝내는 거야?'

'마감이 코앞인데 이제 와서 못 하겠다는 말 따위 제발 하지 말아줘.'

'도대체 몇 번을 틀리는 거야? 어떻게 하면 정확히 만들 수 있는 거냐고!'

'실력도 안 되면서 왜 이렇게 목표를 높게 잡은 거야?'

정도의 차이는 있겠지만, 일하다 보면 누구나 같이 일하는 동료에게 이러한 분노의 감정을 느껴본 적이 있을 것이다. 분노의 감정은 원동력이 되기도 하지만 업무를 진행하는 순간에는 천적이라고 해도 과언이 아니다.

분노의 감정은 생각하는 데 소음으로 작용해 집중력을 떨어뜨리기 때문에 평상시보다 일하는 시간이 오래 걸린다. 그래서 분노의 감정을 품고 있는 시간이 길면 길수록, 또 그 횟수가 많으면 많을수록 일은 진행되지 않는다. 따라서 일을 빨리 끝내기 위해서는 분노의 감정과 잘 마주하고 제거해나가야 한다.

우선 감정에는 1차 감정과 2차 감정이 있다. 분노는 2차 감정이다. 그 뒤에는 반드시 1차 감정이 숨어 있다. 1차 감정이란 '불안하다', '힘들다', '고통스럽다', '외롭다', '슬프다', '허무하다' 등과 같은 부정적인 감정이다. 처음에 무언가 부정적인 감정인 1차 감정이 끓어오르고, 그 감정이 충족되지 못하면 2차 감정인 분노가 생겨나는 것이다.

예를 들어 기한 안에 일을 끝내지 못한 부하직원에게 화가 났다고 치자. 이때 분노의 감정 뒤에는 저 사람이라면 분명 기한 안에 끝낼 수 있을 거라고 믿었는데 '안타깝다'는 1차 감정이 존재한다. '안타깝다'는 1차 감정이 충족되지 못했기 때문에 화가 나는 것이다.

하지만 대부분의 사람은 분노의 감정이 싹트기 시작하면

그 존재에 지배당해 1차 감정이 있다는 사실을 눈치 채지 못한다. 그렇기 때문에 분노라는 감정의 근원을 해결하지 못한 채 하염없이 끌려 다니거나 오히려 분노의 감정을 더 키우고 만다.

또 가라앉았던 분노의 감정이 다시 부글부글 끓어오르는 것 역시 1차 감정을 해결하지 못했기 때문이다.

일 빨리 끝내는 사람은 1차 감정, 2차 감정의 존재를 이해하고, 분노의 감정이 싹트면 우선 그 뒤에 숨은 1차 감정이 무엇인지 파악한다. 그리고 그 분노를 느끼게 한 상대방에게 화가 난 이유와 자신의 기분 등을 1차 감정을 사용해 확실히 전달한다. "언제쯤 완성될지 파악되지 않으면 '불안'하니, 진행상황을 좀 알려 달라"와 같이 말이다.

이처럼 1차 감정을 명확히 제시한 후에 '어떻게 해주길 바라는지' 자신의 요청을 전달한다. 그러면 2차 감정인 분노에 지배당하기 전에 문제를 해결할 수 있다.

또 혼나는 상대방도 1차 감정에 대해 제대로 된 설명을 들으면 상황을 이해하고 진지하게 대응할 수 있다. 아무런 설명도 없이 자신이 분노의 대상이 된다면 상대방에게 혼났다는 괴로움, 왜 혼났는지 이유를 모르는 데서 오는 불쾌한 감정만 남아 기분 좋을 리 만무하다. 또 질 수 없다는 듯

상대를 향해 분노의 감정을 품기도 한다.

　일은 혼자서는 할 수 없다. 반드시 상대방이 필요하다. 물론 사람마다 성향도, 일하는 스타일도 모두 다르다 보니 자신의 뜻대로 되지 않아 화나는 일이 많을 것이다. 그렇기에 더더욱 분노의 감정을 터트리지 않고 적절한 형태로 상대방에게 전달하는 것이 중요하다.

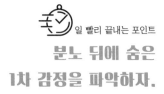

일 빨리 끝내는 포인트

**분노 뒤에 숨은
1차 감정을 파악하자.**

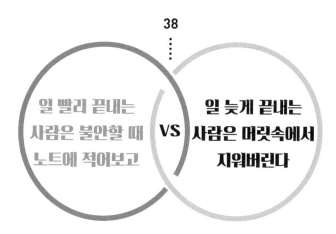

38

일 빨리 끝내는 사람은 불안할 때 노트에 적어보고 VS 일 늦게 끝내는 사람은 머릿속에서 지워버린다

새로운 일을 시작하거나 새로운 사람과 한 팀이 되었을 때 기분 좋은 긴장감이나 의욕도 있지만 약간의 불안감도 동시에 느껴지기도 한다.

아마 대부분의 사람은 머릿속에 불안감이 있어도 '뭐, 괜찮겠지' 하며 지워버리고 말 것이다. 하지만 불안감은 스스로에 대한 무언가의 경고다. 이때 아무 대책도 세우지 않는다면 결국 머리 한구석에 떨쳐버리지 못한 불안감이 계속 남아 '사고의 소음'이 되고 만다. 그 결과 집중력이 떨어져 일이 좀처럼 진행되지 않고, 아무리 시간이 흘러도 일이 끝나지 않는다.

　한편 일 빨리 끝내는 사람은 불안감이 느껴지면 그 불안감을 직접 종이에 적어보고 의식적으로 이를 제거해나간다. 직접 적어서 자신의 감정을 눈에 드러나게 하면 자기 마음속에서 불안을 끄집어낼 수 있을 뿐 아니라 상황을 객관적으로 파악할 수도 있다. 종이에 적는 행위를 함으로써 불안감이 머리 밖으로 나가기 때문에 찜찜함도 사라지고 머릿속이 깨끗해져서 집중력도 높아진다.

　예를 들어 상품설명회를 개최하는데 처음 담당하는 데다 이전 담당자도 인사이동으로 부서에 없어 상담조차 할 수 없는 상황이다. 제대로 개최할 수 있을지 불안하다고 가정해보자. 이때 머릿속에서 불안감을 꺼내기 위해서는 다음의 세 가지 범주로 분류하여 적어본다.

1. 명확한 사항

일단 명확한 사항부터 적어 나간다.

- 목적
- 일정
- 내용

2. 이미 알고 있는 사항

다음으로 이미 알고 있는 사항을 적어 나간다.

- 설명회 장소를 예약하는 방법
- 초대할 고객에게 언제까지 안내문을 보내야 하는지
- 당일 접수는 누가 담당하는지
- 필요한 비품은 무엇인지
- 비용은 어느 정도 드는지
- 안내문 안에 넣을 전단지 등

3. 정말 모르는 사항

마지막으로 정말 모르는 사항을 적어 나간다.

- 실제로 몇 명 정도 올지

이렇게 분류해보면 1과 2의 경우 이 업무에 정통한 사람이나 알 만한 사람에게 물어보면 해결할 수 있다는 것을 알 수 있다. 그리고 진정한 불안요소는 '정말 모르는 사항' 딱 한 가지뿐이라는 사실이 명확해진다.

'실제로 몇 명 정도 올지'는 뚜껑을 열어보지 않으면 알 수 없다. 따라서 이 부분은 고민해서 될 일이 아니구나 하며 머릿속을 정리할 수 있다.

불안이라는 감정은 막연한 추상덩어리다. 그 덩어리를 분해해 구체화하고, 말로 표현하면 그 내용물이 명확해진다. 또 '바꿀 수 있는 사항'과 '바꿀 수 없는 사항'으로 분류한 후 '바꿀 수 있는 사항'을 바꾸어가다 보면 불안을 점점 더 말끔히 지워나갈 수 있다.

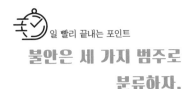

일 빨리 끝내는 포인트

불안은 세 가지 범주로 분류하자.

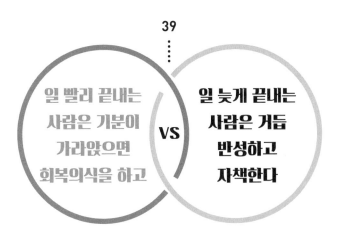

'중요한 고객에게 민폐를 끼치고 말았다.'

'승진할 수 있을 거라 기대했는데 보류되고 말았다.'

직장인이라면 누구나 일이 생각대로 풀리지 않아 기분이 가라앉고, 아무것도 하고 싶지 않을 때가 있다. 그러나 기분이 가라앉은 채 시간이 길어지면 제대로 된 판단을 내리기가 어려워져 업무 집중력마저 떨어지고 만다.

그런데 이 가라앉은 기분에서 벗어나지 못하게 하고, 자신의 결점이나 실수에 대해 반복적으로 생각하게 만드는 골치 아픈 사고패턴이 있다. 바로 '반추사고反芻思考'다.

'고객에게 바로 연락했더라면 좋았을 걸.'
'왜 승진을 못한 걸까? 나는 정말 일을 못하는 걸까?'

반추사고에 빠지면 이미 발생한 일에 대해 '이렇게 했으면 좋았을 걸', '저렇게 했으면 좋았을 걸' 등과 같이 이런 저런 생각을 하며 자기 자신을 책망하고 또 책망한다. 하지만 아무리 자신을 책망해도 그게 해결책이 되지는 못한다. 일이 하염없이 끝나지 않는 사람은 바로 이 반추사고를 하는 경향이 있다. 지난 일을 계속해서 곱씹고, 자책하고, 그러다 보니 기분은 더 가라앉기만 하고, 그 결과 일이 진행되지 않아 잔업만 늘어가는 것이다.

한편 일 빨리 끝내는 사람에게는 가라앉은 기분을 빨리 털고 일어나게 해주는 회복의식이 있다. 회복 의식은 3단계로 이루어진다.

1단계: 자신의 긍정적인 면을 찾아 칭찬한다

자신의 강점을 나열해본다. 자신에게 어떤 힘이 있는지 깨달아 자신감을 되찾기 위해서다. 하지만 기분이 가라앉아 있을 때는 좀처럼 강점이 떠오르지 않는다. 따라서 자신의 장점이나 좋은 점이 떠오를 때마다 미리 수첩이나 노트 등에 적어두도록 하자. 아무리 작은 것이라도 괜찮다. 쓸 수 있는 만큼 다 적어보도록 하자.

그리고 구체적으로 다음과 같은 점을 떠올리면 자신이 결코 한심한 존재가 아니라고, 스스로를 타이를 수 있어 가라앉은 기분을 털고 일어설 계기를 만들 수 있다.

- 자신의 강점은 무엇인가.
- 현재 일에서 잘 진행되고 있는 부분은?
- 무슨 일을 했을 때 다른 사람이 기뻐했는가.
- 예전에 무슨 일로 칭찬 받았는가.

2단계: 책망 받는 것은 '자신'이 아니라 '행위'라고 생각한다

'왜 이렇게 일을 못하는 걸까?', '이런 실수를 하다니 직장인으로서 실격이야.'

실수를 했을 때 이렇게 자기 자신을 책망하면 안 좋은 기분은 점점 더 악순환에 빠지고 만다. 이때는 자기 자신이 아닌 자신의 행위에 문제가 있었다고 생각하는 것이 중요하다. '자신'과 '행위'를 분리하는 것이다. 좋지 않았던 '행위'를 고쳐 다음번에는 적절한 '행위'를 할 수 있게 만들면 된다.

'중요한 데이터를 깜박하고 지워버렸다.' 이는 자신의 인격이나 성격이 아니라 행위가 잘못된 것이다. 앞으로 제대로 확인하고 백업데이터를 만들어두면 된다.

'행위'는 노력으로 얼마든지 고쳐나갈 수 있다. 하지만 가라앉은 기분은 문제해결로 이끌어주지 않는다. 개선으로도 이어지지 않는다.

'자신'을 책망할 필요는 없다. '자신'을 책망한다고 해서 얻어지는 효과도 없다. '자신'을 책망해도 해결되는 건 없다. 필요 이상으로 자신을 책망하다 보면 '잘 해오던 일까지 못하게 될 수도 있다. 그러니 '자신'에서 '행위'로 시점을 바꿔 최대한 빨리 가라앉은 기분에서 빠져나오도록 하자.

3단계: 성취감을 느낄 수 있는 간단한 일을 한다

아무리 머릿속으로 '빨리 가라앉은 기분에서 벗어나자!'라고 생각해도 기분은 좀처럼 바뀌지 않는다. 하지만 행동은 자기 의지로 할 수 있다. 작은 것이라도 좋으니 일단은 행동을 하고 거기에서 성취감을 느껴보자. 이때는 성취하기 쉬운 화분에 물 주기나 책상 주위를 정리하는 등의 단순한 일이 좋다. 작은 성취감이라도 성취감을 느끼면 기분은 금세 긍정적으로 바뀌어간다.

기분이 가라앉는 것은 어쩔 수 없다. 하지만 가라앉은 기분을 너무 질질 끌지 않는 것이 중요하다. 그러려면 무리해서라도 작은 행동을 하나씩 해보도록 하자.

생각만으로는 아무것도 바뀌지 않는다. 하지만 행동하다 보면 기분도 달라진다는 점을 기억하자.

일 빨리 끝내는 포인트

**기분이 가라앉을 때는
3단계 회복의식을 시행한다.**

40

일 빨리 끝내는 사람은 정보를 차단하고 **VS** 일 늦게 끝내는 사람은 정보를 무조건 많이 모은다

미국의 심리학자 고든 H 하우스가 도출해낸 '기분일치효과'라는 심리적 현상이 있다. 인간은 자신의 기분과 일치하는 정보에 눈이 가기 쉽다는 말이다.

예를 들어 성공을 믿어 의심치 않는 프로젝트에 기분 좋게 참여하고 있을 때는 성공을 뒷받침해주는 듯한 기분 좋은 정보만 들어온다. 하지만 '이 프로젝트가 실패하는 것은 아닌지', '다음 분기 예산을 달성할 수 있을지' 등과 같이 불안할 때는 부정적인 정보만 눈에 띄기 십상이다.

이것이 바로 '기분일치효과'다. 이 현상은 한 사람, 한 사

람의 생각하는 습관에도 적용할 수 있다. 즉 '성공할 거야'라고 생각하는 습관이 있으면 성공할 것 같은 정보만 눈에 띄고, '잘 안 될 것 같아'라고 생각하는 습관이 있으면 실패할 것 같은 정보만 눈에 띈다는 것이다.

이처럼 생각하는 습관에 따라 눈에 띄는 정보, 즉 자신에게 영향을 미치는 정보가 달라진다.

'이 기획은 통과되지 못할 것 같은데….'

'경쟁사인 B사가 추월하면 어쩌지?'

'왜 회신이 없지? 무슨 문제가 생긴 건 아닐까?'

이처럼 부정적인 심리 상태로 정보를 찾다 보면 부정적인 정보만 많이 모인다. 그 결과 점점 더 불안해져 실패할 것 같다는 생각만 커져간다. 인터넷 발달로 우리는 정보의 크나큰 홍수 속에 살고 있다. 방대한 양의 정보에는 도움이 되는 것과 그렇지 않은 것이 있다. 무턱대고 정보를 모으다 보면 이 두 가지 정보가 뒤섞여 신빙성이 낮은 정보까지도 밀려들어온다. 그렇기에 우리는 정보를 냉정하게 선별해야 한다. 불안을 조장하는 정보를 얻는다 한들 아무 도움도 안 되기 때문이다.

일처리가 빠른 사람은 정보를 의식적으로 차단한다. 메이저리그 선수였던 이치로는 현역시절 스포츠 신문을 읽지 않았다고 한다. 읽다 보면 초조함과 압박감을 느껴 마음이 흔들리기 때문이다. 수많은 경기를 치른 이치로 같은 선수도 평정심을 유지하기 위해 의식적으로 정보를 차단한 것이다.

다른 사람의 영향 따위 전혀 받지 않는 강철 같은 정신력의 소유자라면 몰라도 보통 사람은 부정적인 정보를 접하는 순간 흔들리기 쉽다. 그러니 몰라도 될 부정적인 정보는 굳이 접할 필요가 없다. 일의 능률이 떨어지면 떨어졌지 좋아질 리가 없다. 또 인터넷이나 신문뿐 아니라 주변 사람으로부터 들어오는 정보 역시 선별해 받아들이는 것이 좋다.

불안이나 걱정은 성가신 사고의 소음이다. 소음을 증폭시키는 것은 업무시간을 늘리는 원흉이 된다. 따라서 소음 제거는 업무를 순조롭게 풀어가는 데 꼭 필요한 일이다.

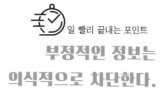

일 빨리 끝내는 포인트

**부정적인 정보는
의식적으로 차단한다.**

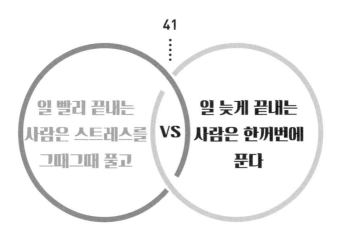

41

일 빨리 끝내는 사람은 스트레스를 그때그때 풀고 VS 일 늦게 끝내는 사람은 한꺼번에 푼다

당연한 이야기겠지만, 스트레스는 최대한 쌓아두지 않는 게 좋다. 물론 적절한 스트레스는 집중력을 높이는 데 꼭 필요하다. 하지만 스트레스가 너무 많이 쌓이다 보면 몸도, 마음도 지치고 만다. 그러다 보면 당연히 좋은 아이디어도 떠오르지 않고 집중력도, 적극성도 떨어져 업무속도가 늦어진다. 자기 일만으로도 힘에 부치니 주변을 둘러볼 여유도 없다.

이렇게 되지 않으려면 스트레스를 의식적으로 해소해나가야 한다. 일이 하염없이 끝나지 않는 사람이 생각하는 스트레스 해소법 중 하나가 여행이다. 경치 좋은 섬으로 떠나 한가로이 며칠 보내고, 고향에 내려가 부모님과 고향 친구들을 만나는 식으로 스트레스를 푼다.

물론 그러면 스트레스는 해소된다. 예전에 나도 긴 휴가를 마치고 돌아오면 확실히 기분이 전환되어 능률이 좋았던 상태로 돌아갈 수 있었다. 하지만 워낙 바쁜 직장이다 보니 휴가에서 돌아온 지 2주만 지나도 '도대체 휴가 효과는 다 어디로 가버린 거야?'라는 생각이 들 정도로 피곤에 찌든 원래의 표정으로 돌아가 버리곤 했다.

또 긴 휴가로 스트레스를 해소하는 것도 좋지만, 한 번 갔다 오면 다음 휴가를 쓸 수 있을 때까지 몇 달 동안은 계속 스트레스가 쌓이기만 한다. 스트레스 과다 기간이 너무 길어져 버리는 것이다.

한편 일처리가 빠른 사람은 그때그때 스트레스를 풀려고 노력한다. 스트레스가 쌓여 업무능률이 떨어진다 싶으면 가능한 한 그날 안에 풀어버린다. 스트레스를 계속 쌓아두지 않는 것이다.

이쯤에서 술을 마시거나 친구에게 하소연하는 방법을 떠올리는 사람이 있을 것이다. 물론 술을 마시는 것도 스트레스 해소에 도움이 될지도 모른다. 하지만 스트레스 때문에 너무 많이 마시면 오히려 다음 날 업무능률이 떨어지고 만다. 친구와 만나 서로 푸념을 늘어놓는 것도 아무런 해결책이 되지 못한다. 오히려 자기혐오에 빠져 스트레스가 더 쌓일 수도 있다.

일처리가 빠른 사람에게는 일을 마치고 집에 돌아가면서 혼자서 스트레스를 풀 수 있는 자기만의 방법이 있다. 예를 들어보도록 하자.

- 출퇴근길에 있는 높은 곳에 올라 바깥 경치를 멍하니 바라본다.
- 주변 공원을 산책한다.
- 좋아하는 음악을 쾅쾅 울리게 듣는다.
- 나 홀로 노래방에 간다.
- 좋아하는 소설책을 읽는다.
- 발마시지를 받으러 간다.
- 좋아하는 영화를 본다.

특히 걷거나 몸을 움직이는 것은 스트레스를 자연스럽게 푸는 데 가장 효과적인 방법이다. 돈도 들지 않으니 적극 추천하는 바이다.

이처럼 자기 나름의 스트레스 해소법을 찾아내 실천해가다 보면 하루하루가 즐거워져 스트레스가 머물기 어려워진다. 자연스레 일과 생활에는 탄력이 생겨 충만감도 커지고 기분 좋은 일이 점점 늘어간다.

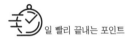 일 빨리 끝내는 포인트

스트레스는 묵히지 말고
그때그때 풀어주자.

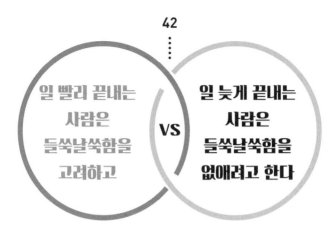

42

들쑥날쑥함 없이 언제나 최고의 능률 상태로 일해야 한다고 생각하는 사람이 많다. 하지만 업무 상태가 항상 변하듯 우리의 상태도 항상 일정하기는 어렵다. 애당초 하루 8시간이라는 업무시간 내내 일정한 능률을 낼 수 있는 상태를 유지할 수 있는 사람은 거의 없다. 피로나 컨디션, 감정, 집중력 상태에 따라 제아무리 우수한 비즈니스맨이라도 들쑥날쑥하기 마련이다.

　오히려 들쑥날쑥함을 없애기 위해 계속해서 최고의 상태를 유지하고자 무리하다 보면 그 부담감 때문에 오히려 금세 피폐해지고 만다. 그 결과 시종일관 능률이 나쁜 상태에 빠질 우려도 있다.

또 누구에게나 능률이 오르는 시간대와 컨디션이 들쑥날쑥한 시간대가 있다. 가령 마감에 맞춰 기획서를 제출한 직후에는 집중도 높은 일을 끝냈기 때문에 마감 직전과 같은 집중력을 유지할 수 없다. 이때는 컨디션이 들쑥날쑥하기 쉽다. 반면 푹 자고 일어난 날 오전시간은 들쑥날쑥함 없이 능률을 낼 수 있다.

일 빨리 끝내는 사람은 이러한 자신의 들쑥날쑥함에 대해 잘 안다. 따라서 컨디션이 들쑥날쑥하다는 전제하에 스케줄을 생각한다. 무리해서 들쑥날쑥함을 없애려 하지 않고 들쑥날쑥함과 같이 잘 지내려고 한다.

- 월요일에는 오전에 있는 부서 회의 때문에 피곤해져 오후에 업무능률이 떨어진다.
- 수요일에는 오후 4시까지 거래처 B사에 제출할 보고서를 작성해야 하기 때문에 4시 이후에는 힘이 빠지기 쉽다.
- 점심식사 후인 오후 1시부터 2시 반까지는 졸음이 몰려와 사무 업무가 잘 진행되지 않는다.

• 금요일 오후쯤 되면 1주일 동안의 피로가 쌓이다 보니 아무래도 업무속도가 느려진다.

이 외에도 급한 일이 들어왔을 때, 문제를 해결한 직후, 개인적으로 안 좋은 일이 있었을 때 등의 상황에는 스스로를 채찍질해가며 힘내보려고 해도 능률이 떨어질 수밖에 없다.

또 컨디션이 들쑥날쑥할 때는 창조적인 일을 하려고 해도 계속 제자리걸음이다. 가령 무리해서 어떻게든 해낸다고 해도 질 낮은 성과물이 되고 만다. 결국 다시 손을 봐야 하니 일은 점점 늘어만 갈 뿐이다. 그래서 일 빨리 끝내는 사람은 다음과 같이 들쑥날쑥함을 전제로 한 대책을 세운다.

1. 들쑥날쑥한 시간을 뺀다

일이 잘 되는 시간대에 능률을 올리려고 한다. 집중력이 필요한 업무나 기획안 작성 등의 머리를 쓰는 창조적인 업무는 일이 잘 되는 시간대에 몰아서 한다.

2. 컨디션이 들쑥날쑥할 것 같은 시간대에도 처리할 수 있는 일과 작업을 할당한다

짧은 시간에 끝낼 수 있는 일, 쉽게 성취감을 맛볼 수 있는 일, 단순 업무, 미팅을 위한 이동 시간 등 집중력이 떨어져도 문제없이 할 수 있는 일을 '컨디션이 들쑥날쑥한 시간대'에 처리한다.

3. 들쑥날쑥함을 최소화할 수 있는 의식을 만든다

들쑥날쑥함을 최대한 줄일 수 있는 의식을 만들어 몰두해 본다. 예를 들어 다음과 같은 것이다.

- 커피를 내린다.
- 기분이 상쾌해지는 껌을 씹는다.
- 5분 동안 산책한다.
- 힘이 나는 위인의 명언을 읽는다.
- 파도소리 등 힐링이 되는 소리를 듣는다.

이처럼 들쑥날쑥함을 줄여주는 의식으로는 몸과 마음을 편안하게 해주거나 몸을 움직이는 일을 추천한다.

우리는 모두 감정의 동물이기에 들쑥날쑥함을 완전히 없앨 수는 없다. 따라서 어떻게 들쑥날쑥함을 줄이고 같이 잘 지내느냐가 중요하다. 그를 위해서는 자신이 어떤 상황에 컨디션이 들쑥날쑥해지는지 그 경향을 파악하고 이에 맞춰 일을 진행해나가는 것이 중요하다. 무리해서 들쑥날쑥함을 없애려고 하면 오히려 업무시간이 늘어난다는 점을 기억하자.

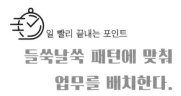

일 빨리 끝내는 포인트

**들쑥날쑥 패턴에 맞춰
업무를 배치한다.**

한순간에 '일 빨리 끝내는 사람'으로
변화시키는 마지막 히든카드

먼저 이 책을 끝까지 읽어주신 여러분에게 감사드린다. 책을 읽으며 어떤 생각이 들었는가?

'아무리 해도 일이 끝나지 않았던 이유가 이거였구나', '그래서 그 사람이 그랬던 거구나' 등 여러 가지 생각이 들지는 않았는가? 아니면 혹시 '따라하다 보니 어느새 나도 일 빨리 끝내는 사람이 됐네!'라는 생각을 들었는가? 그렇다면 성공이다.

자, 그럼 지금부터 마지막까지 포기하지 않고 달려온 분들을 위해 본문에서는 다루지 않았던 일 빨리 끝내는 최고의 비결을 소개하고자 한다.

　그동안 숱한 강연과 세미나 등을 통해 많은 사람에게 업무기술을 전수하며 느낀 점이 있다. 바로 긍정적인 목표, 하고 싶은 일이 있는 사람일수록 일을 빨리 끝낼 수 있게 되기까지의 여정이 짧다는 점이다. 최고의 비결은 바로 '일 빨리 끝내는 사람이 되면 하고 싶은 일이 무엇인지'를 명확히 하는 것이다. 예를 들면 다음과 같다.

• 일 빨리 끝내는 사람이 된다면,
　－ 영어회화학원에 다니고 싶다.
　－ 자격시험에 도전해보고 싶다.
　－ 독립 준비를 위해 창업학원에 다니고 싶다.
　－ 건강을 위해 요가를 배우고 싶다.
　－ 마라톤 풀코스를 완주해보고 싶다(그래서 연습을 시작하고 싶다).
　－ 책 읽을 시간을 확보하고 싶다.
　－ 다시 밴드활동을 시작하고 싶다.

　어떤 것이라도 좋다. 우선 당신이 진심으로 하고 싶은 일이 무엇인지 찾아내도록 하자. 그 다음 이 책에서 소개한 방법들 중 여전히 신경 쓰이는 항목이 있다면 그 항목부터 시도해보도록 하자. 한 번에 많은 것을 시도하지 않으려는 자세가 중요하다. 한 번에 많은 것을 바꾸려고 하면 오히려 혼란스러워 어중간해지고 만다.

습관 바꾸기는 그렇게 쉬운 일이 아니다. 의식적으로 몇 번씩 천천히 반복하다 보면 점점 익숙해지고 어느 새 정착되어간다. 그러니 한 번 시작하면 적어도 3주일 동안은 지속해주길 바란다. 그리고 습관으로 자리 잡게 되면 이제 또 다른 항목에 도전해보자.

이 책과의 만남을 통해 독자 여러분도 나와 같이 일을 빨리 끝내고, 실적은 확실히 올리면서도 몸과 마음 모두 건강하고 행복해지는 변화를 경험할 수 있다면 그보다 더 큰 기쁨은 없다.

마지막으로 이 책을 쓰면서 많은 분들께 도움을 받았다. 이 자리를 빌려 진심으로 감사드린다. 항상 응원해주시는 여러분께도 마음속 깊이 감사드린다.

또 직접 만나지 못한 독자 여러분을 언제, 어디에선가 만날 수 있기를 고대한다.

옮긴이 김진연

성신여자대학교를 졸업한 뒤 한국외국어대학교 통번역대학원에서 일본어를 공부했다.
현재 번역 에이전시 엔터스코리아에서 출판기획 및 일본어 전문 번역가로 활동하고 있다.
옮긴 책으로는 《생각을 바꾸는 습관》《리더를 위한 관계 수업》《이나모리 가즈오의 사람
을 내 편으로 만드는 기술》《돈키호테 CEO》《경영자가 가져야 할 단 한 가지 습관》《고독
연습》《사장은 혼자 울지 않는다》외 다수가 있다.

일 빨리 끝내는 사람의 42가지 비법

초판 1쇄 발행 2020년 5월 29일

지은이 요시다 유키히로
펴낸이 정덕식, 김재현
펴낸곳 (주)센시오

출판등록 2009년 10월 14일 제300-2009-126호
주소 서울특별시 마포구 성암로 189, 1711호
전화 02-734-0981
팩스 02-333-0081
메일 sensio0981@gmail.com

책임편집 정지은
편집 이미순
경영지원 김미라
홍보마케팅 이종문, 한동우
본문디자인 윤미정
표지디자인 [★]규

ISBN 979-11-90356-56-5 03190